독설의
팡세

SYLLOGISMES DE
L'AMERTUME

SYLLOGISMES DE L'AMERTUME
by Emile Cioran

독설의
팡세

에밀 시오랑 지음 김정숙 옮김

SYLLOGISMES DE
L'AMERTUME

문학동네

차례

언어의
위축

의지가 약한 자들로부터 교육을 받고 단편적 사실과 흔적을 숭배하는 우리는 '실제 사례'들만 중요하게 여기는 임상 시대를 산다. 우리가 관심을 기울이는 것은 어떤 작가가 침묵한 것, 말할 수 있었지만 말하지 않은 것, 그의 무언의 깊이다. 그 작가가 어떤 '작품'을 남겼다면, 자신을 설명했다면, 우리는 분명 그를 잊을 것이다.

실망이 열매를 맺게 만들지 못하고 그대로 사라지게 내버려두는 실패자, 그 실패한 예술가의 마법……

✧

감동의 원천이었던 수많은 책과 글을 부사의 성질이나 형용사의 성질을 공부하기 위해 다시 읽는다.

$\diamond$

어떤 진지한 인간은 어리석음 속에서도 방향을 더 잘 잡아 걸
작의 수를 늘리기도 한다.

$\diamond$

자기 자신을 의심하지 않는 회의주의는 빈말이고 습관적 불안
이고 철학적 학설이다.

$\diamond$

'진리', 우리는 더이상 그 무게를 감당하고 싶지도, 속거나 공범
이 되고 싶지도 않다. 나는 쉼표 하나를 위해 죽을 수 있는 세상
을 꿈꾼다.

$\diamond$

다른 천재들의 그늘 아래에서 그들을 배려하고 살면서 자신의
천재성을 인정하기 두려워하며 거부했던 이류 천재들(주베르*

독설의 팡세

가 그중 하나), 나는 그들을 얼마나 사랑하는지!

✧

몰리에르가 자신의 깊은 내면을 성찰한 인간이었다고 한다면, 파스칼은―그의 아류와 함께―신문기자라고 해야 할 것이다.

✧

확신이 있으면 문체는 없다. 우아하게 말하려고 고심하는 것은 신념 속에 잠들지 못하는 인간들이 하는 일이다. 굳건하게 기댈 것이 없으니 현실의 겉모습에 불과한 말에 매달리는 것이다. 반면 신념이 확고한 인간들은 겉모습을 무시하고, 즉흥성의 즐거움 속에서 편안해한다.

✧

사랑, 야망, 사회에 등을 돌린 인간들을 경계하십시오. 그들은 자신들이 **포기했던** 것에 대해 복수할 것입니다.

* 프랑스의 작가이자 철학자(1754~1824).

✧

사유의 역사는 고독한 인간들이 품고 있는 원한의 역사다.

✧

플루타르코스*가 지금 시대를 살았다면 『실패자들의 전기』를 쓸 것이다.

✧

영국 낭만주의가 아편, 망명, 폐병의 성공적 혼합물이었다면, 독일 낭만주의는 술, 시골, 자살의 성공적 혼합물이었다.

✧

낭만주의 시대 독일 도시에서 살았어야 어울릴 것 같은 정신의

---

* 그리스의 철학자이자 전기작가(46?~120?). 고대 그리스와 로마의 영웅을 다룬 『영웅전』을 집필했다.

소유자들이 있다. 제라르 드 네르발*을 튀빙겐이나 하이델베르크에 사는 제라르 폰 네르발로 상상하면 얼마나 잘 어울리는지!

✧

독일 사람들은 인내력의 한계를 모른다. 정신병을 견디는 일에서도 그렇다. 니체는 11년간, 횔덜린**은 40년간 자신들의 정신병을 견뎠다.

✧

온갖 정신장애를 떠안고 있던 마르틴 루터는 현대인을 예고한다. 그에게는 파스칼과 히틀러가 공존한다.

✧

'오직 진실만이 선하다.' 바로 그 생각에서 불분명하고 애매한

---

*   프랑스의 시인이자 소설가(1808~1855). 현대에 와서 재평가되고 있는 작가로, 초현실주의자들에게 큰 영향을 주었다.

**   독일의 서정시인(1770~1843). 그리스 고전의 운문 형식을 독일어에 성공적으로 이식시킨 것으로 높이 평가받는다.

것을 거부하고, 시적인 것과 형이상학적인 것을 멀리하는 프랑
스의 결함이 나온다.

✧

데카르트보다 더 심하게 프랑스 민족 전체를 누르며 천재성을
죽인 것은 부알로*였을 것이다.

✧

단테의 삼부작은 기독교도가 시도했던 것 중 가장 강력한 악마
의 복원이었다.

지옥: 보고서처럼 정확하다.

연옥: 하늘나라의 암시처럼 거짓이다.

천국: 꾸며낸 말과 맥빠진 말의 나열이다.

✧

* 　프랑스의 시인이자 비평가(1636~1711). 문학비평사에서 중요한 의미
　를 갖는 『시법』을 집필했다.

　　　　　　　　　　　　　　　　　　독설의 팡세

셰익스피어: 장미 한 송이와 도끼 한 자루가 만났다……

✧

인생에 실패하면, 재능이 없어도 시적 정서를 갖게 된다.

✧

가벼운 정신의 소유자들만이 어떤 생각에 신중하게 다가간다.

✧

자살의 동기로 사무 처리에 대한 환멸을 언급한 것이 햄릿의 대사 가운데 가장 심오한 것이었다고 나는 생각한다("누가 법의 지연을, 관리의 오만불손을 참으려 하겠는가the law's delay, the insolence of office.").

✧

표현 방식이 낡아지면 예술은 비상식을 지향하고, 사적이고 전달 불가능한 세계를 지향한다. 미술에서도, 음악에서도, 시에서도 알아들을 수 있는 떨림은 우리에게 낡고 저속하게 보인다. 맞는 생각이다. 대중은 곧 사라질 것이다. 예술도 곧 그 뒤를 따를 것이다.

성당 건축으로 시작된 어떤 문명은 정신분열증적 신비주의로 끝나야 했다.

✧

시의 세계와 아주 멀리 떨어져 있을 때라도, 우리는 울부짖고 싶은 욕구―서정성의 최종 단계―를 갑작스럽게 느끼면서 시의 세계에 들어간다.

✧

라스콜니코프*가 되다. 단, 살인을 변명하지 않는.

✧

---

* 도스토옙스키의 작품 『죄와 벌』의 주인공으로. 선택받은 자는 법률이나 인습을 뛰어넘을 수 있다는 사상을 바탕으로 살인을 저지른다.

단어들 한가운데서 느끼는 두려움, **모든 단어들**과 함께 무너질 것 같은 그 두려움을 느껴본 적이 있는 인간, 그런 인간만이 아포리즘에 열중한다.

✧

어떤 언어도 존재를 구속하지 않았던 시대로, 간결한 감탄사로, 정신이 몽롱한 천국으로, 관용어가 나타나기 이전 즐겁고 흐린 의식으로 돌아갈 수 없는 것인가!

✧

'심오하다'는 것은 쉬운 일이다. 자신의 결점들 속에 푹 빠져들기만 하면 된다.

✧

언어가 나를 괴롭힌다. 꽃들이 죽음에 대해 수다떠는 것을 들을 수 있으면 얼마나 기분좋을 것인가!

문체의 모델: 욕설, 전보, 묘비문.

낭만주의자들은 마지막 자살 전문가들이었다. 그후부터는 대충 아무렇게나 자살한다…… 자살의 질적 개선을 위해서는 진정으로 우리에게 다시 한번 세기말적 불안이 있어야 한다.

문학에서 그 분칠을 지우고 맨얼굴을 보겠다고 하는 것은 철학에서 횡설수설 떠벌리기를 없애버리는 것만큼이나 위험하다. 인간 정신의 창작물이란 무의미를 미화시킨 것뿐일까? 본질은 언어 밖에만, 강박적 웃음이나 정신적 마비 상태에만 있는 것일까?

어떤 책이 모든 것을 파괴하고 나서 자폭하지 않는다면 쓸데없이 우리를 귀찮게 한 것이다.

✧

분해된 입자인 우리는 신중한 슬픔과 예고된 비정상이 끝나는 지점에 와 있다. 여러 징후가 예고하는 것은 앞으로 정신병이 주도권을 쥘 거라는 점이다.

✧

작가의 '영감의 근원'은 그 자신의 수치심이다. 자기 안에서 수치심을 발견하지 못하거나 회피하는 작가는 표절 작가가 되거나 비판의 대상이 된다.

✧

고뇌하는 서유럽인은 은행 계좌를 갖고 있는 도스토옙스키의 주인공을 생각나게 한다.

✧

훌륭한 극작가는 살인 감각을 지니고 있어야 한다. 엘리자베스 1세 시대 이후 등장인물을 죽일 줄 아는 극작가가 있었는가?

✧

우리의 신경세포는 모든 것에 얼마나 잘 적응하는지, 무언가 허무맹랑한 것이 침투해서 뇌를 터뜨려버릴 수 있다는 희망은 버려야 한다.

✧

뱅자맹 콩스탕* 이후 환멸의 '톤'을 다시 살린 사람은 없었다.

✧

인간 혐오의 기초를 터득한 사람이 좀더 발전하고 싶다면 스위

---

* 프랑스의 정치가이자 작가(1767~1830). 『아돌프』 『세실』 등의 소설을 썼다.

프트*학파에 입문해야 한다. 거기서 인간에 대한 경멸이 어떻게 강렬한 두통을 유발하는지 배우게 될 것이다.

✧

생리의 문제는 보들레르에 의해 시 세계에 도입되었고, 니체에 의해 철학에 도입되었다. 그들에 의해 신체장애는 노래로, 그리고 개념으로 격상되었다. 질병의 활동을 보장하는 것은 건강을 허락받지 못한 그들에게 주어진 일이었다.

✧

신비—다른 사람을 속이고 우리가 그들보다 더 심오하다고 믿게 하기 위해 사용하는 단어.

✧

니체, 프루스트, 보들레르가 유행의 변화에도 살아남은 것은 그

---

* 영국의 소설가이자 성직자(1667~1745). 『걸리버 여행기』를 썼으며 인간과 사회를 신랄하게 비판했다.

들의 무관심한 잔인성, 신들린 듯한 해부 기술, 풍부한 독설 덕분이다. 어떤 작품에 지속성을 부여하고, 시대에 뒤떨어지지 않게 하는 것은 그 속에 존재하는 폭력성이다. 성서의 복음서, 그 그지없이 공격적이며 독살스러운 책이 누리는 권위를 생각해 보라.

✧

대중은 소위 '인간적'이라는 작가들에 몰려든다. 겁낼 필요가 전혀 없다는 것을 알기 때문이다. 그 작가들은 대중처럼 어중간하게 멈추어 불가능과 적당히 타협할 것이며, 혼돈에 대한 일관성 있는 비전을 제시할 것이다.

✧

포르노 작가의 추잡한 언어는 대개 지나친 도덕성에서, 자신의 '영혼'을 펼쳐 보이고 영혼이라는 단어를 말하는 수치심에서 온다. 모든 언어를 통틀어 영혼처럼 추잡한 단어는 없다.

✧

표면 뒤에 어떤 현실이 숨어 있다? 어쨌든 가능한 일이다. 그러나 언어가 그 현실을 표현하기를 바라는 것은 우스운 일이다. 번거롭게 여러 입장 중에 하나의 입장을 취할 이유는 무엇이며, 평범한 것이나 놀라운 것 앞에서 뒷걸음치고, 아무거나 말하고 쓰는 책임 앞에서 뒷걸음칠 이유가 무엇인가? 조금이라도 지혜가 있다면 미소와 부정을 절충해가며 모든 가설을 동시에 지지해야 한다.

✧

작가는 창작 불능에 대한 두려움 때문에 자신의 능력 이상으로 글을 쓴다. 남에게 빌려 오거나 꾸며낸 거짓말을 섞는다. 한 작가의 '전집'에는 사기꾼이 웅크리고 있다.

✧

염세주의자는 매일 존재해야 할 이유를 만들어내야 한다. 그는 삶의 '의미'에 희생당하고 있다.

✧

맥베스는 범죄를 저지른 금욕주의자, 단도를 든 마르쿠스 아우렐리우스*다.

❖

몸이 망가지면 가장 이득을 보는 것은 정신이다. 정신은 육체를 괴롭히고 그 고통을 즐거워한다. 육체를 희생시키며 풍부해진다. 정신은 강도질로 산다. 문명의 유산은 정신이라는 강도의 공적功績이다.

❖

'재능'이란 모든 것을 왜곡하고, 사물을 뒤틀어놓고, 스스로에 대해 착각하게 만드는 가장 확실한 수단이다. 자연으로부터 어떤 능력의 세례도 받지 않은 사람만이 **진정한** 삶을 누린다. 문학의 세계보다 더 거짓된 세계는 상상할 수 없을 것이며, 작가보다 더 **현실**에서 벗어난 인간은 상상할 수 없을 것이다.

❖

* 로마의 황제(121~180). 스토아학파의 철학자이자 오현제 중 하나.

침묵을 **흉내내는** 것 외에 구원은 없다. 그러나 우리는 태생적으로 말이 많다. 말하는 씨앗에서 잉태되어 말하기 좋아하는 족속인 우리는 언어와 **화학적으로** 연결되어 있다.

✧

기호의 의미는 접어둔 기호의 탐구, '현실'과 경쟁하며 언어 자체를 목적으로 하는 언어, 철학자에게까지 나타나는 언어에 대한 편집증적 집착, **표면 층위에서** 새로워지려는 욕망은 절대보다 구문이 우선하고 현명한 자보다 문법 연구자가 우선하는 문명의 특징이다.

✧

완벽한 예술가 괴테는 우리의 반대 명제이고 타자를 위한 하나의 모범이다. 미완성이라는 현대적 의미의 완벽을 모르는 괴테는 다른 사람들이 처한 위험을 이해하려 하지 않았다. 그는 위험에 아주 잘 동화해서 전혀 고통받지 않았다. 그의 명철한 인생은 우리를 낙심하게 한다. 위대했을 혹은 용렬했을 숨겨진 비밀을 찾으려 샅샅이 뒤진 것은 헛된 일이었다. "내게는 괴테를

위한 신체 기관이 없다"라고 했던 릴케의 말에 동의하지 않을
수 없다.

✧

해석자 패거리들, 독서 기계들, 교사라는 정신적 기형아들―한
문명의 쇠퇴, 취향의 타락, 변덕에 대한 노동의 우위를 상징하
는―의 출현을 조장했다는 점에서 19세기는 비난받아야 마땅
하다.

모든 것을 외부에서 보고, 언어로 표현할 수 없는 것을 체계 속
에 넣고, 어느 무엇도 정면으로 바라보지 않고, 다른 사람들의
관점을 목록으로 만들고……! 어떤 작품에 대한 해설은 형편없
거나 쓸데없다. 직접적이지 않은 모든 것은 가치가 없다.

옛 교사들은 신학에 몰두하는 것을 좋아했다. 적어도 절대성을
가르치며, 신의 존재에만 국한한다는 변명을 할 수 있었다. 그
러나 우리 시대에는 그 무엇도 교사들의 파괴 능력을 피할 수
없다.

✧

독설의 팡세

우리가 선조들과 다른 점은 신비에 신경을 쓰지 않는다는 것이다. 우리는 단어도 없애버렸다. 부조리라는 단어는 그래서 생겨난 것이다.

✧

문체의 기만: 일상적인 슬픔을 엉뚱하게 표현한다. 사소한 불행을 미화한다. 공허를 치장한다. 한숨이나 비웃기로 문장을 만들어 스스로 존재한다.

✧

누군가가 자신의 일대기를 쓸지도 모른다는 생각 때문에 삶을 포기한 사람이 아무도 없었다니, 믿을 수 없는 일이다.

✧

진리를 찾아 나설 만큼 순진했던 나는 예전에 여러 분야를─헛되게─섭렵했다. 회의주의로 결심을 굳힐 무렵 최후 수단으로 시의 세계를 살펴볼까 하는 생각이 들었다. 누가 알겠는가? 혹시 내게 도움이 될지? 그 임의성 아래 무언가 결정적인 계시가 숨어 있을지? 환상이었다. 부정적인 면에서는 나보다 더 나갔다. 나의 **의혹들**마저 잃게 만들었다.

✧

죽음을 **숨쉬었던** 사람에게 언어의 냄새는 얼마나 황당한 것이었을까!

✧

패배가 널리 퍼져 있으니 당연히 신神이 덕을 본다. 신을 측은해하거나 학대하는 속물들 덕분에 신은 아직 약간의 인기를 누리고 있지만, 과연 언제까지 **흥미**를 끌 것인가?

✧

"그는 재능이 있었다. 그러나 이제 아무도 그를 주목하지 않는다. 그는 잊혔다—당연한 일이다. 그는 남들에게 오해받기 위해 모든 신경을 써야 한다는 것을 알지 못했다."

독설의 팡세

✧

모호한 생각을 하기 싫어하는 것만큼 정신을 메마르게 하는 것
은 없다.

✧

현자賢者는 무엇을 하는가? 체념 속에서 보거나 먹거나 등등을
한다. 바가바드기타*에서 '아홉 구멍이 뚫린 상처'라고 부르는
육신을 어쩔 수 없이 받아들인다. 현명함? 우리의 모든 구멍이
강요하는 굴욕을 의연하게 감수하는 것이다.

✧

시인은 제멋대로 지루해하다가 불안을 집요하게 찾아 자기 것
으로 만드는 교활한 인간이다. 그런데도 순진한 후세 사람들은
그를 동정한다……

✧

*　힌두교의 정신세계를 집약한 산스크리트 시.

거의 모든 작품은 **위조한** 순간적 깨달음, 학습한 전율 그리고 약탈한 황홀경을 가지고 만든 것이다.

✧

떠벌리는 것이 본질인 문학은 어휘의 과잉 그리고 단어의 악성 종양으로 삶을 꾸려간다.

✧

유럽에는 서사시가 만개할 수 있을 만큼 폐허가 존재하지 않는다. 그러나 모든 징후로 보아 소설이나 시로는 감당할 수 없을 만큼 심각한 테마들이 나타나리라 추측할 수 있다. 트로이를 질투하고 모방하고 싶어하니까.

✧

오마르 하이얌*이 마지막 환상을 가지고 있지 않았더라면 나는 기꺼이 그를 추종하고, 그의 억누를 수 없는 슬픔을 추종했을

* 페르시아의 수학자이자 시인, 천문학자(1048~1131).

것이다. 그러나 그는 술을 믿었다.

✧

나를 모든 것으로부터 멀어지게 하는 한줄기 빛, 나의 가장 좋은 그 부분은 폐기당한 인간 몇 명, 냉소주의에 완전히 빠져 어떤 악에도 매달리지 못하고 비탄에 빠져 있는 인간 몇 명과의 짧은 만남 덕분에 생긴 것이다.

✧

삶은 본질적 실수이기 이전에 죽음으로도 시의 세계로도 고칠 수 없는 감각적 실수다.

✧

도교 경전에서 '거대한 공동 침실'이라고 부르는 이 세상에서 유일하게 명징한 의식을 갖는 방법은 악몽이다.

✧

만일 불명료한 영혼을 가진 그대가 명료성에 대한 강박이 있다면 문학에 손대지 마십시오. 그대 뒤에는 명료한 한숨, 당신 자신이 되기를 거부한 데서 오는 빈곤한 파편들만 남을 것입니다.

✧

지성의 괴로움에는 가슴의 괴로움에서는 찾을 수 없는 품위가 있다.
회의주의는 불안의 우아한 표현이다.

✧

현대적이라는 것, 그것은 치유 불가능성 속에서 잔손질을 하고 있는 것이다.

✧

제자의 희비극: 나는 내 생각을 부스러기로 만들었다. 내가 그렇게 한 것은 생각을 부스러기로 만드는 것만 내게 가르쳐주었던 모럴리스트들을 능가하기 위해서였다.

심연의
도둑

생각 하나하나마다 어떤 미소가 남긴 폐허를 상기시켜야 할 것이다.

✧

나는 심오한 사상의 주변을 조심스럽게 배회하다가 현기증만 빼앗아 달아난다. 마치 심연을 도둑질하듯이.

✧

사상가는 직업에 첫발을 내디딜 때 자신의 의지와 상관없이 변증법이나 수양버들 중 하나를 택한다.

✧

물리학이나 심리학이 생기기 훨씬 전부터 고통은 육체를 분해하고 있었고, 슬픔은 영혼을 분해하고 있었다.

✧

고매한 정신의 소유자들이 살았을 일상생활을 상상하면 얼마나 거북한지…… 소크라테스는 오후 두시쯤 무엇을 할 수 있었을까?

✧

우리가 천진난만하게 사상을 믿는 것은 그것이 포유동물이 생각해낸 것이라는 사실을 잊기 때문이다.

✧

진정한 시의 세계는 운명을 경험하는 데서 시작한다. **자유로울 수 있는 것은 하찮은 시인밖에 없다.**

✧

독설의 팡세

정신의 체계 가운데서 내가 이마를 대고 쉴 수 있는 범주는 찾지 못했다. 그러나 혼돈은 얼마나 좋은 잠자리인지!

✧

우리는 우리보다 행복한 사람들을 벌주기 위해서, 그들에게 우리의 불안―그 이상의 것은 없으니―을 억지로 주입시킨다. 왜냐하면 유감스럽게도 고통은 전염되지 않기 때문이다.

✧

의심에 대한 갈증을 가라앉힐 길이 없다. 왜 내게는 바위에서 의심을 솟아나게 할 수 있는 모세의 지팡이가 없는 것일까?

✧

발작적 자살 충동, 허무 속에서의 질식, 분비물 속에 있는 영혼에 불과하다는 데 대한 혐오감, 그것들을 치유할 수 있는 것은 전신마비의 산물인 자아의 확장 외에 아무것도 없다.

✧

내가 슬픔에서 가까스로 몇 가지 생각만 얻어낸 것은 슬픔을 너무 사랑한 나머지 정신적으로 파고들어 슬픔이 사라지게 할 수 없었기 때문이다.

✧

철학 사상의 유행은 음식의 유행처럼 강제적이다. 어떤 사상에 대한 반박이라 해서 어떤 소스에 대한 반박보다 더 거센 것은 아니다.

✧

생각의 한 양상마다 각기 적당한 **시점**, 경솔한 시간이 있다. 우리 시대에는 '무無'라는 개념……이 그렇다. 물질, 에너지, 정신이라는 개념이 얼마나 철 지난 것으로 보이는지! 다행스럽게도 어휘는 풍성하다. 각 세대마다 어휘를 뒤져 단어를 끄집어낸다. 그리고 그 단어가 쓸데없이 폐기된 다른 단어들만큼이나 중요하다고 주장한다.

✧

우리는 모두 광대들이다. 우리가 안고 있는 문제에도 불구하고 **살아남는다.**

✧

악마들이 설치던 시대에는 패닉, 공포, 혼란 같은 재난이 신이 베푸는 보호를 누릴 수 있었다. 무엇이 재난을 만들어내고 조장하는지 알고 있었다. 신의 보호를 잃은 지금은 그것들이 '내면의 드라마'나 '정신장애'와 같은 세속적 증상으로 변질되었다.

✧

빈곤은 우리가 동정을 구하는 인간들의 생각에 번갈아 미소 짓게 만들어 회의주의를 밥벌이로 전락시킨다.

✧

숨쉬는 모든 것이 앓고 있는 병이 있다. 식물은 약하게 걸려 있고, 동물은 빠져나오려 애쓰고 있고, 인간은 심하게 걸려 있다. 생명! 화학물질과 혼미한 정신의 결합물…… 광물의 평온함 속으로 피신해볼까? 우리와 광물 사이를 뒷걸음질로 뛰어넘어 **정상적인 돌**을 흉내내볼까?

✧

할 수 있는 한 시간을 거슬러올라가도, 내가 한 일이라고는 인간이 되었다는 자부심을 없애버린 것뿐이다. 그러고 나서 다른 원숭이떼에 속한다고 주장할 용기가 없어, 소심한 괴물처럼 인간 종족의 주변을 맴돌고 있다.

✧

권태를 느끼면 풀 수 없는 의문들이 평준화된다. 그것은 **실증주의자들**의 환상이다.

✧

어떤 **선천적인 불안**은 우리에게 과학이나 직관의 역할을 한다.

독설의 팡세

죽음이 아무리 멀리 있더라도 어딘가에 존재하는 한, 나는 **어디서 죽어야 할지** 모르겠다.

✧

명철한 정신이 지켜야 할 의무는 **예의바른** 절망, 위엄 있는 잔인성에 도달하는 것이다.

✧

행복이란 아주 드문 것이다. 늙은 **후에나**, 노망했을 때나 도달하는—지극히 적은 수의 사람들에게만 베풀어지는—혜택이다.

✧

우리의 우유부단함은 우리의 정직을 나타내고, 우리의 확신은 우리의 거짓을 나타낸다. 한 사상가가 얼마나 정직하지 않았는가 하는 것은 그가 주장했던 **정확한** 사상의 양에 따라 헤아릴 수 있다.

✧

절대에 몰두했을 때 나는 건방진 인간이었다. 절대에서 빠져나왔을 때 나는 원시인이었다.

✧

지독한 고독감에서 오는 냉소주의라는 고난은 무례한 인간이되면 줄어든다.

✧

죽음은 다른 모든 문제를 압도하는 문제다. 철학, 그 난감함에도 등급이 있다고 생각하는 순진한 믿음에 죽음보다 난감한 것이 있겠는가?

✧

독설의 팡세

철학은 슬픔의 해독제 구실을 한다. 철학의 **심오함**을 믿는 사람이 아직도 많다.

✧

모든 것이 일시적인 세상에서 우리가 자명하다고 믿는 이치들은 **사회면 기사** 정도 가치밖에 없다.

✧

불안은 동굴 시대에도 이미 흔한 정신의 산물이었다. 먼 훗날 철학자들이 나타나 불안에 대한 소유권을 주장하리라는 것을 예상했더라면 네안데르탈인이 어떤 미소를 지었을까 상상할 수 있다.

✧

철학의 실수는 너무 **견딜 만하다**는 것이다.

✧

생각을 생각으로 머물게 두는 것은 의지가 박약한 인간들뿐이
므로, 그들만이 생각해야 할 것이다. 적극적인 인간들이 생각을
하게 되면 일상의 조용한 무질서가 비극의 체계로 돌변한다.

✧

삶과 죽음에 관심을 기울여서 좋은 점은 아무 말이나 할 수 있
다는 것이다.

✧

회의주의자는 다른 인간들처럼 삶을 가능하게 하는 망상으로
괴로워하고 싶어하지만, 그렇게 하지 못한다. 그는 **상식**의 순교
자다.

✧

과학에 대한 반박: 이 세상은 알아야 할 **가치**가 없다.

✧

독설의 팡세

어떻게 철학자가 될 수 있는가? 어떻게 시간, 아름다움, 신 등등에 도전할 생각을 할 수 있는가? 정신이 부풀어 부끄러운 줄 모르고 비약하기 때문이다. 형이상학, 시─벌레의 만용이다.

✧

과시용 금욕주의는 '무엇에도 놀라지 않는다'*는 것에 대한 열광, 즉 완전한 정신적 평정의 히스테리다.

✧

우울증의 발작과는 싸울 수 있지만, 내 것이면서 나를 **앞질러 가**는 강박증과는 싸울 도리가 없다. 건강하다? 그러면 내가 좋아하는 길을 간다. 병에 '걸리면' 더이상 내가 결정하지 않는다. 내 병이 결정한다. 강박증에 걸린 인간에게는 선택권이 없다. 그들의 강박증이 이미 선택을 끝냈다. 잠재 가능성이 공평하게 주어지면 **자신이** 선택한다. 그러나 병이 뚜렷하면 선택에 열린 다양한 길보다 병이 먼저다. 우리가 자유로운가 아닌가─그 질문은 망상의 힘에 끌려가는 인간의 눈에는 하찮은 것이다. 그에게 자

---

*   nil admirari. 로마 시인 호라티우스가 쓴 시구.

유를 떠받드는 것은 건강에 오점이 있다는 것을 보여주는 것이다. 자유? 그것은 건강한 자들의 억지다.

✧

정신적으로 불안정한 사람은 실제 괴로움으로 만족하지 못하고, 괴로움을 상상해서 자신에게 지운다. 그에게는 상상의 세계가 존재하고 존재해야 한다. 그렇지 않으면 그의 천성이 요구하는 괴로움의 몫을 어디서 찾겠는가?

✧

나 자신을 위대한 성인들과 비교하지 못할 이유가 무엇인가? 나의 모순을 간직하기 위해 내가 소비한 광기의 에너지가 성인들이 자신들의 모순을 극복하기 위해 소비한 것보다 적다는 말인가?

✧

생각이 피난처를 찾을 때 그 생각은 케케묵은 것이 되어야 했다. 인간 두뇌밖에 기댈 곳이 없었기 때문이다.

✧

정신분석학은 우리가 피해를 감수하면서 실천하는 기술이다. 그 기술은 우리의 재난, 위험, 깊이를 훼손한다. 우리 스스로에게 호기심을 갖게 만드는 그 모든 불순물을 빼앗아가버린다.

✧

여러 문제에 대한 해결책이 있든 없든, 소수의 사람들만이 영향을 받는다. 감정에는 탈출구가 전혀 없다? 아무 결과에도 이르지 않는다? 자기 안에서 길을 잃는다? 자, 모두의 무의식적 드라마다. 우리 각자는 이 **해결되지 않는 감성**을 괴로워하며 성찰하지 않는다.

✧

어떤 생각을 깊이 파헤치는 것은 그 생각을 망치는 것이다. 그 생각을 죽게 하고 매력을 없애는 것이다.

✧

허무주의 속에 약간 열기가 있으면—**모든 것**을 부정하면서—나의 의심들을 뒤흔들고 억누를 수 있을 것이다. 그러나 내게는 부정의 취미만 있을 뿐 부정의 **은총**은 없다.

✧

극단極端에 심취했었다. 그리고 딜레탕티슴과 다이너마이트 사이 어딘가에서 멈추었다.

✧

생물학이 중얼거려야 할 것은 진화에 관해서가 아니고 참을 수 없음에 관해서여야 한다.

✧

나의 우주진화론은 원초적 혼돈에 끝없이 말줄임표를 붙인다.

✧

우리 안에 생각이 하나 생겨날 때마다 우리 안의 뭔가가 부패하고 있다.

✧

문제 하나하나가 신비를 모독한다. 그리고 해결책이 문제를 모독한다.

✧

비장함, 그것은 저속한 취미의 깊이를 드러낸다. 루터, 루소, 베토벤, 니체가 도취했던 반란의 쾌감도 마찬가지다. **거대한 울림, 그 고독한 인간들의 저속함**······

✧

악을 앞서가는, 아니, 앞서가는 것이 아니라 악을 만들어내는 이 후회의 욕망······

심연의 도둑

✧

내일 최후의 심판이 있을 거라고 매일 약속해주는 나의 광기, 그 자비가 없었다면 나는 한나절이라도 견딜 수 있을까?

✧

고통을 겪으면 외부세계가 존재하기 시작한다…… 너무 고통스러우면 외부세계가 사라진다. 고통은 외부세계를 존재하게 만들어 그 비현실성이 드러나게 한다.

✧

생각은 편견에서 벗어나면 와해된다. 파악 대상인 사물들처럼 비논리적이고 산만해진다. 우리는 '유동적'인 개념들을 가지고 현실을 덮쳐 현실과 하나가 될 뿐 설명하지 않는다. '체계'를 원하지 않으면 비싼 대가를 치르게 된다.

✧

현실은 내게 천식을 일으킨다.

✧

설령 반박의 여지가 없는 생각일지라도 용기를 꺾는 것이라면 우리는 끝까지 파고들기 싫어한다. 그 생각이 내장을 건드리는 순간, 불편해지는 순간, 육신의 진실과 재난이 되는 순간 우리는 저항한다―나는 부처의 설교나 쇼펜하우어의 글을 읽으면서 절망감을 느끼지 않은 적이 없다……

✧

세련미는 어디서 찾을 수 있을까?

신학자들은 세련된 인간이다. 자신들의 주장을 증명할 수 없으니 그 많은 갈래를 만들어 정신을 어지럽혔다. 그것이 그들이 바라던 바였다. 천사를 수십 종류로 분류하는 데 얼마나 뛰어난 재주가 있어야 했겠는가! 신에 대해서는 더 말할 필요도 없다. 신의 '무한성'은 그들을 지치게 해 수많은 두뇌를 망가뜨렸다.

한가한 인간들―사교를 즐기는 인간들, 무사태평한 족속들, 말로만 먹고사는 모든 인간들―은 세련된 인간이다. 세련의 모태인 대화에 무감각했던 독일인은 형이상학에 몰두했다. 그러나 고대 그리스인이나 프랑스인, 그 정신적 우아함에 단련된 수다스러운 민족들은 **사소한 것들의 기술**에 뛰어난 능력을 발휘했다.

박해받는 인간들은 세련된 인간이다. 거짓말, 잔꾀, 무임승차를 해야 하므로 이중적이고 위장된 삶을 산다. **거짓**―필요하므로―은 지적 능력을 자극한다. 자신만만한 영국인은 우둔하다. 그들은 계략, 음험한 미소, 술책에 의지하지 않고 살 수 있었던 자유의 세기들에 대한 대가를 그렇게 치르고 있다. 정반대인 유대인이 왜 가장 정신이 깨어 있는 민족이라는 특권을 갖게 되었는지 알 수 있다.

여자들은 세련된 사람이다. 정숙하게 살아야 하므로 자신들의 욕망을 위장하고 거짓말을 해야 한다. **거짓말은 재능의 한 형식이고, '진실'의 존중은 천박과 우둔과 한패를 이룬다.**

타락한 인간들―정신병동에 갇히지 않은 자들…… 이들은 형법의 대상으로 이상적이라고 생각할 만한 세련된 인간이다.

젊은 시절 우리는 철학에 도전한다. 어떤 비전을 찾기보다는 자극제를 찾기 위해서다. 여러 사상에 매달리고 그 사상을 생산한 망상을 추측하고 그것을 모방하고 과장하려 한다. 높은 곳에서 벌이는 곡예에 도취한다. 사상가의 곡예를 좋아한다. 우리는 니체에게서 자라투스트라, 그 허풍과 신비주의적 광대짓, 진실된 **아슬아슬한 축제**를 사랑했다……

힘에 대한 니체의 숭배는 진화론적 속물주의라기보다는 내적 긴장을 외부로 투사한 것에 가깝다. 만물 생성의 변이를 해석하고 받아들이며 느끼는 도취감에 가깝다. 삶과 역사에 대한 잘못된 이미지는 그 결과인 것이다. 그러나 그것은 거쳐야 하는 과정이었다. 철학적 광란과 생명의 숭배를 통해 거쳐야 하는 과정이었다. 그 과정을 거부한 인간은 그 숭배의 뒤틀림, 대척과 침체를 결코 알지 못할 것이며, 실망의 근원에 결코 접근하지 못하게 될 것이다.

우리는 니체를 보며 최면 상태가 영원할 것이라고 믿었다. 그러나 성숙한 냉소주의로 무장한 우리는 니체보다 더 멀리 나아갔다. 초인의 개념은 우리에게 경험 데이터만큼 정확해 보였다. 그 개념은 고심작이지만 지금의 우리에게는 졸렬한 개념일 뿐이다. 젊은 시절의 마술사는 그렇게 사라지고 있다. 그러면 니체의 얼굴—여러 얼굴 중에서 하나—에서 남아 있는 것은 **무엇인가?** 단지 인간을 탐구하는 관찰자만이 아니라 환멸 전문가, **심리학자**, 공격적 심리학자로서의 얼굴이다. 그는 적을 만들고 적의 위치에서 탐색한다. 그러나 그 적은 그가 고발하는 악과 마찬가지로 자기 안에서 끌어낸 것이다. 니체가 약자를 공격한다? 자기를 성찰하고 있는 것이다. 그가 퇴폐를 공격할 때면 자신의 상태를 묘사하고 있는 것이다. 그의 모든 증오심은 간접적으로 그 자신을 향해 있다. 자신의 약점을 공개하고 이상화한다. 그가 자신을 혐오할 때면 기독교와 사회주의가 곤란해진다. 그의 처방인 허무주의를 반박할 수 없기 때문이다. 니체는 허무주의자이고, 자신이 허무주의자라고 고백한다. 적들을 사랑하며 동시에 비방하는 그가 만일 자신을 내세워 공격하지 않았다면, 자신의 비참함을 다른 사람들에게 투사하지 않았다면, 그는 스스로를 견딜 수 없었을 것이다. 그는 **자기 존재에 대한 복수를 다른 사람에게 했다.** 영웅적으로 심리학을 실천했던 그는 해결 불가능을 사랑하는 인간들에게 막다른 골목 여러 개를 열어주었다. 니체가 열어준 끝없는 부정의 가능성을 통해 우리는 그의 생산성을 측정할 수 있다. 정신적 유목민인 그는 자신의 불균형을 다양하게 보여주려 했다. 그는 모든 것을 지지하고 동시에 반대한다. 비극을 쓸 수도, 자신을 분산해 여러 운명을 살 수도 없기에 사색에 몰두하는 인간들의 수법이다―어쨌든 니체는 자신의 히스테리를 펼쳐 보이며 우리를 우리의 신중한 히스테리에서 벗어나게 했다. 그의 불행은 우리에게 유익했다. 그는 '**콤플렉스**'의 시대를 열었다.

✧

'관대한' 철학자는 자신에게 불리하게도 유해한 진실만이 시스템에서 살아남는다는 것을 잊는다.

✧

경험 부족으로 철학에 심취하는 나이에 나는 다른 사람들처럼 논문을 쓰기로 결정했다. 어떤 주제를 선택할 것인가? 이미 다루어졌으면서도 특이한 주제를 찾고 싶었다. 찾았다고 생각했을 때 서둘러 지도 교수에게 알렸다.

"'눈물에 대한 일반 이론'은 어떻게 생각하십니까? 제 수준으로 다룰 수 있다고 생각합니다."

"좋아. 그런데 참고문헌을 찾으려면 힘들 텐데."

"상관없습니다. 전체 역사의 권위가 저를 받쳐줄 것입니다." 나는 무례하고 당당한 어조로 대답했다.

지도 교수가 조급하게 내게 경멸의 시선을 던졌을 때, 나는 내 안에서 **제자**를 죽이기로 결심했다.

✧

사색하되 글을 쓰지 않았던 시대에 살았던 철학자는 경멸을 받지 않았다. 그러나 인간이 효율성 앞에 무릎을 꿇은 이래 **작품**은 천박한 자들에게 절대적인 것이 되었다. 생산하지 않는 인간은 '실패자' 취급을 받는다. 그러나 예전에는 이 '실패자'들이 현명한 인간이었다. 그들은 아무것도 남기지 않음으로써 우리 시대를 구원한 것이다.

✧

회의주의자가 모든 것을 의심한 뒤 더이상 **아무것도** 의심하지 않게 되는 시간이 온다. 그때는 판단을 영원히 중단한다. 그에게 남는 것은 무엇일까? 즐기거나 혹은 무감각해지는 것이다. 경박해지거나 동물이 되는 것이다.

∻

두뇌의 가을을, 의식의 종말을, 이성의 최후 **무대**를, 그리고 내 피를 얼어붙게 하는 빛들을 여러 차례 어렴풋이 본 적이 있다.

∻

식물의 지혜를 향하여: 나는 한 그루 나무가 짓는 **미소**를 보기 위해 모든 공포심을 포기할 것 같다……

시간과
빈혈

시간 뒤를 뛰어 따라가며 **한 조각**이라도 다시 잡고 싶어했던 그 미친 노인과 나는 얼마나 비슷한가!

✧

시간의 흐름 속에서 느끼는 낯섦과 혈액의 부족 사이에는 어떤 관계가 있다. 그 많은 공허한 순간들과 그 많은 백혈구들…… 우리의 **의식** 상태는 우리의 욕망이 시들면서 시작되지 않는가?

✧

한낮에 갑작스럽게 찾아오는 현기증의 감미로운 공포감, 그것은 어디서 오는가? 피? 푸른 하늘? 아니면 그 둘 중간에 있는 빈혈인가?

✧

창백한 혈색은 몸이 어디까지 영혼을 이해할 수 있는지 보여
준다.

✧

어두운 밤들이 담긴 혈관을 가진 네가 인간들 사이에서 차지하
고 있는 자리는 서커스 무대 한가운데 놓여 있는 묘비명보다
더 크지 않다.

✧

극단적 무관심 상태에서 구원의 땅처럼 한 번의 뇌전증 발작을
생각한다.

✧

정열의 대상이 불확실할수록 그 정열 때문에 우리는 파멸한다.
내 정열의 대상은 권태였다. 그 불확실성에 나는 압도되었다.

독설의 팡세

✧

시간은 내게 금지되어 있다. 그 리듬을 따라가지 못해 매달리거나 바라보지만, 그 속에 결코 들어가지 못한다. 시간은 나의 **구성 성분**이 아니다. 모든 인간이 가지는 시간을 조금이라도 갖기를 희망하지만 헛된 일이다.

✧

혈액을 잃어가는 백혈병은 신神이 만발하는 정원이다.

✧

절망은 신앙이나 정치 혹은 동물적 본능에 영향을 받지만, 우울함은 무엇에도 영향을 받지 않는다. 우울함을 멈추게 하는 것은 우리의 혈액밖에 없다.

✧

권태는 아직 깨어나지 않은 상태의 불안이고, 침울은 혐오가 꿈을 꾸고 있는 것이다.

✧

우리의 슬픔은 미라가 희미하게 보여주는 미소의 신비를 지속
시킨다.

✧

미래에 대한 **정확한 정보**를 주는 것은 심리적 불안, 그 흑색 유토
피아뿐이다.

✧

구토를 할 것인가? 기도를 할 것인가? 권태는 우리를 십자가 수
난의 하늘로 끌어올리고, 우리 입안에 인공감미료의 뒷맛만 남
긴다.

✧

피로감에는 형이상학적 효능이 있다고 나는 오랫동안 믿어왔다. 피곤할 때 우리는 시간의 뿌리까지 내려가는 것이 사실이다. 그러나 거기서 우리가 얻는 것은 무엇인가? 영원에 대한 싱거운 몇 마디 정도다.

✧

"나는 망가져 눈이 뱃속으로 떨어진 인형 같다."
한 정신병자의 이 말은 자기 성찰을 담은 책 전체보다 무게가 있다.

✧

주변의 모든 것이 무미건조해질 때 우리가 **어떻게** 이성을 잃을 것인가를 생각하는 것은 얼마나 흥미진진한 일인가?

✧

무력감의 공허에서 후회의 활력으로 마음대로 옮겨갈 수만 있다면!

시간과 빈혈

✧

나를 기다릴 권태에 비하면 지금 느끼는 권태는 유쾌하게 참을 수 있을 정도여서, 그 악몽이 바닥날까봐 떨고 있다.

✧

우울하지 않은 세상에서는 나이팅게일이 고역스러움에 트림을 할 것이다.

✧

누군가 아무 일에나 '인생'이라는 단어를 쓰고 있다면, 그가 병자라는 것을 유념해야 한다.

✧

우리가 시간에 관심을 갖는 것은 시간은 돌이킬 수 없다는 사실을 속물적으로 받아들이기 때문이다.

✧

슬픔, 그 모호함의 기술을 배우는 데 어떤 인간들은 단 일 초면
되고, 어떤 인간들은 평생이 걸린다.

✧

나는 천국이라는 다락방으로 수없이 도피했고, 신神 속에서 질
식하고 싶은 욕구를 수없이 느꼈다.

✧

내가 나로서 존재하는 것은 나의 수준 이상이나 이하, 즉 격정
이나 낙담 상태에서뿐이다. 일상 수준에서는 내가 존재하는 것
을 인지하지 못한다.

✧

신경증에 걸리는 것은 쉬운 일이 아니다. 신경증에 걸리면 재산
을 갖게 되는 것이다. 인생에서 성공하든 실패하든 모든 것이

그 재산을 늘려줄 것이다.

✧

우리는 하루, 한 주, 한 달, 일 년, 십 년, 일생처럼 범위가 정해진 시간 속에서만 행동할 수 있다. 만일 우리의 행위를 절대 시간과 연결하는 불행한 일이 일어나면 시간과 행위가 증발해버린다. 이는 **공허** 속의 모험이고 부정否定의 생성이다.

✧

이르든 늦든 각각의 욕망은 모두 지치게 되어 있다. 그것이 욕망의 진실이다.

✧

시간을 의식하는 것은 시간에 범죄를 저지르는 것이다……

✧

우울증―그 게으른 자들의 등산―을 통해 우리는 **침대에 머물러 있으면서** 산 정상으로 올라가 절벽 위에 서서 꿈을 꾼다.

✧

지루해하는 것은 시간을 깨물어 먹고 있는 것이다.

✧

안락의자는 우리 '영혼'의 격려자, 위대한 책임자다.

✧

나는 서서 결심한다. 나는 눕는다. 결심을 취소한다.

✧

이성이나 내장이 슬픔에 굴복하지만 않으면, 나는 슬픔에 쉽게 적응할 것 같다.

✧

나는 내게 맞는 모델을 내 안에서 찾으려고 했다. 모델을 따르는 문제에 대해서는 게으름의 논리에 의지했다. **자발적으로** 성공하지 않는 것은 얼마나 더 유쾌한 일인지!

✧

직업을 가졌더라면 필요했을 모든 시간을 죽음에 대한 생각에 바쳤다…… 형이상학적 감동은 성직자, 방탕아, 부랑자의 고유한 본질이다. 부처가 직업이 있었다면 단순 **불만자**가 되었을 것이다.

✧

몇 날 며칠 동안 인간들을 억지로 누워 있게 하라. 침대는 전쟁이나 슬로건이 실패했던 것을 성공시킬 것이다. 권태 작전은 효율성에서 무기나 이념을 능가한다.

✧

우리의 혐오감? 우리 자신에 대한 혐오감의 완곡한 표현이다.

✧

내 안에서 갑자기 반항의 움직임을 느낄 때면, 수면제를 삼키거나 정신과의사의 진료를 받는다. 무관심에 소질이 없으면서도 무관심하고 싶어하는 인간은 수단과 방법을 가리지 않는다.

✧

공허감이란 게으른 자들, 이 타고난 형이상학자들에게는 서론에 불과하다. 그러나 선량한 사람들이나 직업 철학자들에게는 인생이 끝날 때 실망에 대한 보상으로 발견하게 되는 확신이다.

✧

수치심을 청산하면서 우리는 가면을 던져버린다. 우리의 연기가 끝나는 날이 오면 더이상 수치심도 가면도 없다. 그리고 더이상 **관객도 없다**―우리의 비밀, 우리의 비참한 인생의 생명력을 너무 과대평가했던 것이다.

나는 매일 나의 뼈와 밀담을 나눈다. 나의 살은 그것을 결코 용서하지 않을 것이다.

✧

기쁨의 가치가 떨어지는 것은 허술하기 때문이다. 독설이 얼마나 논리적인지 비교해보라.

✧

네가 한 번이라도 **이유 없이** 슬펐던 적이 있다면, 너는 자신도 모르게 평생 슬프게 살 것이다.

✧

나는 정해진 구역이 없는 매춘부처럼 하루하루 배회하고 있다.

✧

독설의 팡세

인간이 자신의 삶과 연결되는 것은 시시한 말들을—**마음을 다해서**—지껄일 때뿐이다.

✧

우리가 경험하는 시간 하나하나는 권태와 황홀경 사이에서 이루어진다.

✧

당신의 인생은 성공적이었는가? 그렇다면 당신은 **자존심**이 무엇인지 결코 알지 못할 것이다.

✧

우리는 우리의 얼굴 뒤에 숨는다. 미친 인간은 얼굴을 통해 자신을 보여준다. 자신을 드러내고 밝힌다. 가면을 잃고 자신의 불안을 공개하고 그것을 아무에게나 내밀고 비밀을 드러낸다. 그 같은 경솔한 행동은 짜증을 유발한다. 그를 묶어서 고립시키는 것은 당연하다.

모든 물은 익사의 색을 띠고 있다.

후회하기를 좋아해서인지 무감각해서인지 나는 이 세상이 품고 있는 약간의 절대를 건지기 위해서 아무것도 하지 않았다.

만물의 생성 변이는 **결말이 없는** 심한 고통이다.

쾌락과 반대로 고통으로는 포만감에 이르지 않는다. 고통으로 **지친** 나병 환자는 존재하지 않는다.

슬픔: 어떤 불행으로도 채워지지 않는 갈증.

✧

우리는 죽음에 대한 강박증을 즐긴다. 우리가 즐기는 것은 죽음 자체가 아니라 **강박증**이다.

✧

일어날 필요가 없어 잠자리에 머물러 있는 시간에는 불치병에 걸린 사람들이 몹시 궁금해진다. 침대, 그 절대에 고정된 그들은 만물에 대해 많은 것을 알고 있을 것이다. 그러나 나는 멍한 상태와 늦잠을 반추하는 것을 통해서만 그들과 가까워진다.

✧

권태가 감정 문제에 국한되어 있는 한, 아직 모든 것이 가능하다. 권태가 판단의 영역으로 넘어가면 우리는 끝장이다.

✧

명상은 선 채로 하는 것이 아니다. 걸으면서 하는 것은 더더욱 아니다. 우리가 악착같이 수직 자세를 유지하려고 하는 데서 행동이 나온다. 행동의 해악에 항의하고 싶으면 시체의 자세를 취해야 한다.

✧

절망은 대담한 불행이며, 선동의 한 형식이고, 경망스러운 시대를 위한 하나의 철학이다.

✧

무無 속에 두 손을 완전히 잠그는 것을 배우고 나면 내일이 더 이상 두렵지 않다. 권태가 기적을 일으킨다. 무를 유로 바꾼다. 권태는 그 자체가 **무언가를 주는 무**다.

✧

나이가 들어갈수록 꼬마 햄릿을 연기하는 것이 재미없어진다. 죽음에 대해 어떤 고통을 느껴야 할지 더이상 알 수 없다……

　　　　　　　　　　　　　　　독설의 팡세

서양

현대의 오만: 내가 더 퇴폐적이라고 끈질기게 우겼다는 이유로 그동안 존경해왔던 한 사람의 우정을 잃었다.

✧

서양은 과거의 위엄에 걸맞은 죽음을 찾고 있지만 소용없는 일이다.

✧

돈키호테는 한 문명의 청년기를 상징한다. 그는 사건들을 스스로 만들어냈다 ─ 우리는 우리를 덮치는 사건들을 어떻게 피해야 할지 모른다.

✧

동양은 꽃들과 체념에 기울어져 있었다. 동양에 맞서 우리는 기계들과 노력 그리고 이 급하게 늘어나는 우울함을 내세운다. 서양의 마지막 발악이다.

✧

강대국들이 추가분의 미래를 구걸하는 걸 바라보는 것은 얼마나 애처로운 일인가!

✧

우리 시대의 특징은 무국적자들의 낭만주의가 될 것이다. 더이상 누구도 **시민의 권리**를 갖지 못할 세계의 이미지가 형성되고 있다.
오늘을 사는 시민 한 사람 한 사람 안에는 미래의 천대받는 외국인이 웅크리고 있다.

✧

천 년 동안의 전쟁은 서양을 강건하게 만들었다. 백 년 동안의 '심리학'은 서양을 궁지로 몰았다.

✧

광신도 집단을 통해서 군중은 절대에 접근하고 민족은 활력을 드러낸다. 러시아에서 혁명과 슬라브인의 폭발을 준비한 것은 광신도 집단이었다.

가톨릭은 엄격한 도덕을 내세운 이후 경직되었다. 그렇다고 가톨릭의 할일이 끝난 것은 아니다. 라틴문화의 종말을 애도하는 일이 남았다.

✧

우리의 고통은 역사의 고통이고, 역사 쇠퇴의 고통이다. 그러므로 발레리*가 했던 말을 새기고 심각하게 받아들여야 한다. 우리는 이제 알고 있다. 문명은 소멸하며 뇌졸중의 지평을 향해, 더 나쁜 기적을 향해, 공포의 황금기를 향해 질주하고 있다는 것을.

* 프랑스의 시인이자 비평가, 사상가(1871~1945).

첨예한 갈등의 측면에서 16세기는 그 어떤 시대보다 우리 시대에 가깝다. 그러나 우리 시대에는 루터나 칼뱅이 보이지 않는다. 그 거인들과, 그리고 그 시대 인간들과 비교하면 우리는 지식의 축적을 통해 거창한 운명을 갖게 된 소인배들이다—우리는 16세기 인간들보다 품위는 없지만 한 가지는 우월하다. 그들은 고난을 겪을 때 신의 선택을 받았다는 비겁함에 의지할 수 있었다. 두 얼굴을 가지고 있던 예정설은 아직도 우리를 유혹할 수 있는 유일한 기독교 개념이다. 그러나 우리에게 선택받은 백성이란 더이상 없다.

✧

독일 사람이나 스페인 사람이 **자신을 설명하는** 것을 들어보라. 비극, 비극……이라는 단어가 들릴 것이다. 그것은 자신의 불행 혹은 침체를 이해시키는 방식, 결론 맺는 방식이다.

발칸반도로 시선을 돌려보라. 무슨 일에든 운명, 운명……이라는 단어가 들릴 것이다. 원시에 너무 가까운 민족은 무력한 슬픔을 그렇게 위장한다. 원시인들은 신중하다.

✧

프랑스인과 만나면서 **친절하게** 불행할 수 있다는 것을 배운다.

✧

허튼소리, 경거망동, 대충대충에 취미가 없고 호언장담으로 **살아가는** 민족은 그들 자신과 다른 민족에게 재앙이다. 그들은 쓸데없는 일에 무게를 잡고, 부수적인 것에 심각해하며, 사소한 데서 비극을 찾는다. 그들이 아직도 성실에 대한 정열이나 배반에 대한 한심한 혐오로 난처해하고 있는 것을 보면, 그들에게 기대할 것은 망하는 것밖에 없다. 그들의 장점을 교정하고 심오함을 치유하기 위해서는 그들을 남부인 기질로 개조하고 웃음 바이러스를 주입해야 한다.

만일 나폴레옹이 마르세유 사람들을 데리고 독일을 점령했더라면 세상은 전혀 다른 모습이 되었을 것이다.

✧

진지한 민족들을 남부인 기질로 변화시킬 수 있을까? 유럽의 미래는 거기에 달려 있다. 만일 독일인이 다시 예전처럼 일하기 시작한다면 서양은 망한다. 러시아인이 게으름에 대한 오래된 사랑을 되찾지 못해도 마찬가지다. 두 민족을 무사안일, 무기력증, 낮잠의 취미에 빠지게 해야 할 것이고, 무력감과 변덕이 얼마나 좋은지 눈앞에 내밀어 보여줘야 할 것이다.

……아니면 프로이센이나 시베리아가 우리의 딜레탕티슴에 강요하는 해결책에 만족하든지.

✧

파괴적이지 않은 진화나 충동은 없다. 적어도 그 강도가 높은 순간에는 그렇다.

헤라클레이토스*의 **변이 생성** 개념은 시간에 맞선다. 그러나 베르그송**의 개념은 순진한 시도이고 낡아빠진 철학이다.

✧

* 그리스의 철학자(B.C.540?~B.C.480?). 불을 만물의 근원이라 주장했다.
** 프랑스의 철학자(1859~1941). 주요 저서로 『웃음』 『물질과 기억』 『창조적 진화』 등이 있으며, 1927년 노벨문학상을 받았다.

중세 말기에 이 도시 저 도시를 돌아다니면서 세상의 종말을 알렸던 성직자들은 얼마나 행복했을까! 그들의 예언이 실현되지 않고 지연되고 있다고? 무슨 상관인가! 그들은 미쳐 날뛰며 자신들의 두려움을 마음껏 펼치고 군중에게 퍼부을 수 있었다―공포감이 일상에 침투해 효력을 잃어버린 우리 시대에는 착각에 불과한 치료법이다.

✧

인간을 조종하려면 인간의 악덕을 실천하고 늘려야 한다. 교황들을 보라. 그들이 간음하고 근친상간하고 살인하는 동안 교회는 무소불위였다. 그들이 계율을 존중한 이래 그들의 권위는 떨어지기만 한다. 금욕이나 절제는 그들에게 치명적이었다. 존경받게 되면서 누구도 그들을 두려워하지 않는다. 제도의 종말이 주는 교훈이다.

✧

명예는 원시 문명의 편견이다. 인간이 명석해지면서 그 편견은 사라진다. 모든 것을 '깨닫고', 지켜야 할 것이 아무것도 없는 비겁한 인간들이 군림하면서 그렇게 되는 것이다.

✧

스페인은 3세기 동안 무능의 비법을 자기들만의 것으로 간직하고 있었다. 지금은 서양 전체가 그 비법을 알고 있다. 훔친 것이 아니라 자신들의 노력으로, **자기 성찰**을 통해서 발견한 것이다.

✧

히틀러는 야만적 행위로 문명 전체를 구제하려 했다. 그의 시도는 실패했다. 그래도 서양이 했던 마지막 **시도**였다.
유럽대륙은 아마도 더 나은 것을 받을 가치가 있었을 것이다. 더 지독한 괴물을 생산할 줄 몰랐던 것에 대해 누구를 탓하겠는가?

✧

루소는 프랑스에 재앙이었고, 헤겔은 독일에 재앙이었다. 히스테리에도 시스템에도 무관심했던 영국은 갖고 있는 소박한 것들을 엮었다. 영국의 '철학'은 **감각**의 가치를 내세웠고, 영국의 정치는 **사업**의 가치를 내세웠다. 경험주의는 대륙의 졸작에 대한 영국 나름의 답이었고, 의회는 유토피아와 병적 영웅주의에 대한 영국 나름의 도전이었다.

상식적인 무능함이 없으면 정치적 균형은 결코 성립되지 않는다. 재난을 일으키는 것이 누구인가? 방랑벽에 걸린 인간, 무능한 인간, 불면증 환자, 실패한 예술가 중 왕관을 쓰거나 칼을 차거나 제복을 입었던 인간들이었다. 그렇지만 그들 전체보다 더 큰 재난을 부른 것은 다른 인간들 등뒤에서 **희망을 가졌던** 낙관주의자였다.

✧

불운을 남용하는 것은 품위가 없다. 일부 사람들, 일부 민족들은 불운에 도취해 비극의 명예를 모욕한다.

✧

명철한 정신의 소유자들이 자신들이 느끼는 피로감을 공개해 다른 사람들에게도 강요하고 싶다면 **절망의 리그**를 결성해야 할 것이다. 그렇게 하면 역사의 압력을 낮추고, 미래를 임의적 선택으로 만드는 데 성공할 수 있을 것이다.

✧

나는 여러 민족을 열렬히 사랑했다가 또 혐오하기도 했다―그런데 스페인 사람을 부정하려는 생각은 해본 적이 없다. 그 일원이 되고 싶었다.

✧

1. 본능은 흔들리고, 신앙은 훼손되고, 고정관념과 허튼소리가 난무한다. 로마나 아테네 같은 도시를 호시탐탐 노리고 있는 젊은 알라리크*들을 마주하고 있는 은퇴한 정복자들, 과거 영웅주의로 먹고사는 인간들이 도처에 있다. 예전에는 응접실의 재담이 여러 나라를 돌며 어리석음의 방향을 바꿔주거나 세련되게 만들어주었다. 애교 많고 까다로운 여자 같은 유럽은 꽃다운 나이를 살고 있었다. 이제 유럽은 퇴락한 여자가 되어 누구도

---

* 서고트족의 왕(370~410). 게르만 군주로서는 처음으로 로마를 침공해 무너뜨렸다.

유혹하지 못한다. 그녀가 걸치던 레이스를 물려받으려고 기다리고 있는 야만인들은 그녀의 길고 고통스러운 종말에 짜증을 내고 있다.

2. 프랑스, 영국, 독일, 아마도 이탈리아, 그리고 나머지 나라들…… 하나의 문명은 어떤 사건을 거치며 중단되는 것일까? 왜 네덜란드 미술이나 스페인 신비주의는 한 시기에만 만개했을까? 왜 그 많은 민족은 천재성이 죽어도 살아남을까? 그들의 퇴락은 비극적이다. 프랑스, 독일, 영국의 퇴락은 내부의 회복 불가능성, 한 과정의 완결, 의무의 완수에서 온다. 그것은 자연스럽고 설명할 수 있으며 마땅한 것이다. 달리 어떻게 될 수 있었겠는가? 이 나라들은 번창하다가 경쟁, 우애, 증오심으로 함께 파산했다. 그러나 지구의 나머지 지역에서는 에너지를 비축한 새로운 도둑 집단의 수가 늘어나 대기하고 있다.

제국주의적 본능을 지닌 족속들은 서로 엉겨붙어 강력한 세력을 형성한다. 그러나 그들이 부하로서의 역할을 마치고 체념한 채 한숨짓는 순간이 온다. 정복하지 못하면 정복당하는 데 동의한다. 한니발의 비극은 너무 일찍 태어났다는 것이다. 몇 세기가 지난 때였다면 로마의 문이 활짝 열려 있었을 것이다. 로마 제국은 현재 유럽처럼 텅 비어 있었을 것이다.

3. 우리 모두는 서양의 병을 맛보았다. 예술, 사랑, 종교, 전쟁, 우리는 그것을 너무 잘 알고 있어서 더이상 믿지 않는다. 거기에 그 많은 세월이 허비되었다…… 충만한 **종말**의 시대는 지나갔다. 시의 재료? 메말랐다. 사랑하라? 건달조차도 '감정'을 쫓아버린다. 신앙심? 성당을 뒤져보라. 얼빠진 인간들만 무릎을 꿇고 있다. 누가 아직도 전쟁을 하고 싶어하는가? 영웅은 유행이 지났다. 비인간적 살육만이 통용된다. 우리는 기껏해야 돌이킬 수 없는 것 앞에서 정신은 맑지만 점잔을 떠는 정도만 할 수 있는 허수아비들이다.

서양은 미래가 없는 하나의 **가능성**이다.

4. 근육질에 맞서 우리의 교활한 정신을 지켜낼 수 없는 우리는 목적이 무엇이든 점점 쓸모없어질 것이다. 누구라도 우리를 붙잡아 묶을 것이다. 서양을 보라. 지식과 불명예와 게으름이 넘친다. 십자군, 기사, 해적의 역사는 임무를 끝낸 망연자실한 상태로 거기에 도달해야 했다. 로마제국은 군대를 후퇴시킬 때 역사를, 그리고 몰락의 교훈을 모르고 있었다. 우리의 경우는 전혀 다르다. 어떤 암담한 구원자가 우리를 덮칠 것인가!

✧

누구든 방심해서 혹은 능력이 부족해서 인류의 행진을 잠깐이라도 멈추게 한다면, 그는 인류의 은인이다.

✧

가톨릭이 스페인을 창건한 유일한 이유는 숨통을 더 잘 막기 위해서였다. 스페인은 성당을 보고 감탄하기 위해서 가는 나라다. 그리고 신부를 살해하며 느끼는 기쁨을 상상하기 위해서 가는 나라다.

✧

서양은 소심하게 노망기를 드러내며 앞으로 나아간다―나는 로마제국의 멸망을 보고 나서 다시없을 단 하나의 슬픔을 느꼈다고 믿었던 인간들이 전보다 덜 부럽다.

✧

인본주의적 진리 그리고 인간에 대한 신뢰 등등은 이제 허구의 힘, 그림자로서의 힘만 가지고 있다. 서양은 진리 **그 자체였다.** 그러나 이제는 허구일 뿐이고 그림자일 뿐이다. 진리만큼이나 세력도 잃은 서양은 그것을 확인할 힘도 없다. 그 진리를 끌고 다니며 펼쳐 보이지만, 더이상 **강요**하지 못한다. 이제는 **위협**이 아니다. 인본주의에 집착하는 인간들이 사용하는 단어는 정서적 실체가 없는 낡은 단어이고 유령의 단어이다.

✧

어쩌면 유럽대륙은 마지막 패를 걸지 않았을지 모른다. 만일 유럽이 나머지 세계의 사기를 꺾고 그 부패한 냄새를 퍼뜨리기 시작한다면? 유럽이 권위를 지키며 영향력을 행사하는 한 방법이 될 것이다.

✧

미래에 인류가 다시 시작해야 한다면 폐기된 인간들, 도처에 널린 열등 인간들, 대륙의 찌꺼기들을 모아서 시작할 것이다. 아이러니한 세계가 모습을 드러낼 것이다. 진리를 생산했던 인간들은 무력감과 수치를 느끼며 낙담해서 바라보다가 결국 백치 상태로 도피해, 눈앞에 닥쳐온 엄청난 재난을 잊게 될 것이다.

고독의
서커스

I

자신을 불쾌한 인간으로 만들 수 없는 인간은 고독을 보살필
수 없다.

✧

내가 사는 것은 오로지 원할 때 죽을 수 있기 때문이다. 자살이
라는 **생각 자체**가 없었으면 나는 벌써 자살했을 것이다.

✧

건강을 망치는 데 가담하지 않는 회의주의는 두뇌 운동일 뿐
이다.

✧

빈곤 속에서 폭군의 심술을 키운다, 잔인성을 억누르고 질식한다, 자신을 증오한다, 집단 살해할 부하들도 없고 공포에 떨게 만들 제국도 없어 측은한 티베리우스*가 된다……

✧

절망할 때 거슬리는 것은 그 확실한 근거, 확실성, '참고 자료'다. 절망은 현실 보고서다. 반대로 희망을 품을 때 거슬리는 것은 그 넉넉한 **거짓**, 편집증적 날조, 사건의 거부이다. 희망은 현실 착오이고 픽션이다. 인생은 바로 이 현실 착오 속에 있고, 그 픽션을 먹고 산다.

✧

카이사르? 돈키호테? 자만에 빠진 내가 누구를 모델로 삼고 싶어했을까? 그건 중요하지 않다. 사실 나는 이 세상을 정복하려고, 세상의 모든 혼란을 섭렵하려고 어느 날 그 먼 고향을 떠났다.

* 로마의 제2대 황제(B.C.42~A.D.37). 국정과 재정을 탁월하게 운영한 동시에 잔인성과 방탕함을 지녔다는 상반된 평가를 받았다.

다락방에서 도시를 내려다보고 있으면 성당지기가 되는 것이나 포주가 되는 것이나 둘 다 괜찮아 보인다.

✧

만일 딜레탕트로서의 인생을 포기해야 한다면, 나는 절규를 전공하겠다.

✧

인간이 적들을 더이상 선택하지 않는 순간, 손안에 있는 적들에 만족하는 순간, 젊음은 끝난 것이다.

✧

우리는 자신의 의식 수준 아래 머물러 있어 자신과 일체감을 느낄 수 없다. 모든 원한은 거기서 온다. 그 때문에 우리는 **다른 사람**을 절대 용서하지 않는다.

✧

모호성의 바다를 표류하는 나는 사소한 슬픔에도 구원의 나무 판자처럼 매달린다.

✧

정신이상자를 늘리고 정신병을 악화시키고 도시 곳곳에 정신 병원을 세우고 싶으십니까?

욕설을 금지하십시오.

그러면 욕설이 가진 해방의 효과, 치유적 기능을 알게 될 것입니다. 그리고 욕설이 정신분석학이나 동양 체조 혹은 교회보다 얼마나 월등한 것인지 알게 될 것입니다. 특히 그 놀라운 효험, 매 순간 주는 도움 덕에 우리가 범죄자나 정신병자가 되지 않는다는 것을 이해하게 될 것입니다.

✧

우리는 다른 행성 열 개가 있어도 고갈시키지 못할 대단한 감탄의 능력을 타고난다―그런데 지구는 그 능력을 단번에 넘어선다.

✧

하루를 기적으로 채우겠다는 결심을 하는 마술사로 침대에서 일어난다. 그리고 침대에 다시 쓰러져 사랑과 돈…… 난처한 문제들을 저녁까지 반추한다.

✧

인간들과 접촉하면서 내 신경증의 신선한 기운을 모두 잃었다.

✧

실망하기를 거부하는 것만큼 인간이 얼마나 품위가 없는지 보여주는 것은 없다.

✧

주머니에 한 푼도 없을 때면 나는 일본 불교에서 현자賢者가 이 세상을 극복하기 위해 건너야 한다고 말하는 단계인 **소리가 울리는 빛의 하늘**을 상상하고 노력한다—돈 문제를 극복하게 해줄지 누가 알겠는가?

✧

중상모략 중에서 가장 나쁜 것은 우리의 게으름을 겨냥해서 그 진정성을 부정하는 것이다.

✧

어린 시절 친구들과 무덤 파는 인부가 일하는 것을 지켜보곤 했다. 가끔 그가 우리에게 넘겨주었던 해골을 가지고 놀았다. 우리에게는 어떤 무서운 생각으로도 방해받지 않는 즐거움이었다.

여러 해 동안 수천 번 종부성사를 한 신부들과 같이 지낸 적이 있었다. 그런데 죽음에 대해 궁금해하는 신부는 한 명도 보지 못했다. 후일 나는 우리가 어떤 깨달음을 얻을 수 있는 시체는 오직 우리 안에서 **준비되고 있는** 시체라는 것을 이해했다.

독설의 팡세

✧

신이 계시지 않으면 모든 것이 공허하다. 신은? 최고의 공허다.

II

죽음의 충동은 나의 단 한 가지 유일한 관심사였다. 나는 거기에 모든 것을, 죽음까지 바쳤다.

✧

동물이 정상 상태에서 약간이라도 벗어나면 인간과 비슷해지기 시작한다. 성난 개나 힘 빠진 개를 보시라. 개들 세계의 소설가나 시인을 기다리는 것 같지 않은가!

✧

모든 심오한 경험은 신체 생리학의 형식으로 표현된다.

아첨의 한 속성은 인간을 꼭두각시로 만든다. 그 단맛을 보면 아주 날카로운 눈길도 금방 소처럼 멍해진다. 질병보다 더 깊숙이 침투하고, 질병만큼 분비샘과 내장과 정신을 변질시킨다. 아첨은 같은 족속을 굴복시키고 사기를 꺾고 타락시킬 수 있는 유일한 무기다.

✧

염세주의자 안에는 쓸데없는 선량함과 굶주린 사악함이 결탁하고 있다.

✧

나는 명상이 필요해서 신을 보내버렸다. 마지막 **성가신 존재**를 털어버린 것이다.

✧

우리는 불행해질수록 경박해진다. 우리의 거동까지 변한다. 불행은 우리로 하여금 허세를 부리게 하고, 우리 자신을 억누르고 **배역**을 연기하게 만든다.

✧

……내가 이 세상에서 제일 불행하다고 믿는 멍청함이 없었다면 나는 오래전에 무너졌을 것이다.

✧

자멸하기 위해 보조자나 운명 같은 것이 인간에게 필요하리라 생각하는 것은 인간을 크게 모욕하는 일이다. 인간은 자신의 전설을 청산하는 데 가장 명확한 의식을 이미 써버렸지 않은가? 옛 사람들이 말했던 변명 혹은 위대함은 지속의 거부 속에, 자기혐오 속에 있다.

✧

그렇게 수많은 **실망시킬** 존재가 남아 있는 마당에 게임을 철회하고 포기할 이유가 있는가?

✧

열정, 광신, 편협, 그런 것에 빠지게 될 때 나는 기꺼이 길로 내려가 싸우다 죽을 것이다. 애매한 것을 지지하고 불확실한 것을 추종하는 인간의 자격으로.

✧

너는 우주를 불태워버리기를 꿈꾸었다. 그러나 너 자신 속에 타오르는 불을 언어에게 전달하는 것도 성공하지 못했고, 단어 하나에 불을 붙이는 것도 성공하지 못했다.

✧

나의 주의 주장은 욕설로 흐르고 말았으니, 회의주의자가 되는 것 외에 달리 내가 무엇을 하겠는가?

✧

독설의 팡세

한창 진지하게 공부하던 중에 내가 언젠가 죽을 것이라는 사실을 발견했다. 그로 인해 나의 겸손함이 흔들렸다. 더이상 배울 것이 없다고 확신한 나는 그 대단한 발견을 세상에 알리기 위해 공부를 단념했다.

✧

긍정적인 인간이 빗나가면 파괴자가 된다. 순진하게도 진실에 파괴할 가치가 있다고 믿기 때문이다. 그는 역방향 기술자, 유식한 체하는 예술 문화 파괴자, 방황하는 전도사다.

✧

인간은 늙어가면서 공포를 빈정거림으로 바꾸는 법을 배운다.

✧

내 계획이 무엇인지 묻지 마십시오. **숨쉬기도** 하나의 계획이 아닙니까?

다른 사람들과 거리를 두는 가장 좋은 방법은 우리의 실패를 즐기도록 유도하는 것이다. 그러면 우리는 분명 남은 평생 동안 그들을 증오하게 될 것이다.

✧

"일을 해야 합니다. 밥벌이를 하고 힘을 모아야 합니다―나의 힘? 다 소모했습니다. 내 안에서 신의 잔재를 지우는 데 모두 탕진했습니다…… 이제 나는 영원히 **할 일이 없습니다**."

✧

행동은 우리 안에 있는 야수성을 자극한다.

✧

바닥까지 침체되어 있을 때 우리는 갑자기 죽음의 **본질**을 포착한다―표현할 수 없는 한계적 인식, 언어화할 수도 없을 것 같은 형이상학적 이탈이다. 그 때문에 죽음의 테마에 대해서는 철학의 현학적 말보다 무식한 노인의 한숨이 우리에게 더 많은 깨달음을 주는 것이다.

✧

자연이 인간을 창조한 것은 오로지 고통의 여신을 위로하기 위해서, 고통이 개인들에게 분산되도록 돕기 위해서다.

✧

쾌락을 쾌락에 대한 의식과 연결 지으려면 살가죽이 벗겨진 사람의 감각을 느끼거나 긴 방탕의 세월을 보내야 한다. 그러나 고통과 고통에 대한 의식은 저능아에게조차도 즉시 연결된다.

✧

고통을 회피하고 쾌락으로 변질시킨다는 것—자아 성찰의 기만이며, 예민한 자들의 재주이고, 신음의 외교술이다.

✧

태양을 바라보는 자세를 하도 자주 바꾼 나머지 이제는 어떤 자세를 취해야 할지 모르겠다.

✧

어떤 운명을 가져야 한다는 의무감에서 벗어나야만 우리는 하루하루의 참맛을 느낀다.

✧

내게 무관심한 인간일수록 나를 혼란스럽게 한다. 그렇다고 그들을 경멸하면 그들에게 다가갈 때 말을 더듬게 된다.

✧

정신병자의 두뇌를 압착하면 나올 액체는 슬픔이 분비할 독한 액체에 비하면 설탕물 같을 것이다.

독설의 팡세

✧

희생자가 되는 교육을 받지 않았다면, 누구도 인생을 살겠다고
하지 말아야 한다.

✧

수줍음은 방어 반응이라기보다 하나의 **테크닉**, 이해받지 못하는
인간들이 과대망상으로 더 노련하게 만드는 테크닉이다.

✧

알코올에 중독된 부모를 가진 행운이 없다면, 그 미덕의 유전적
무게를 보충하기 위해 평생 무언가에 취해 있어야 한다.

✧

신이나 자기 자신 외에 다른 것에 대해 정직하게 말할 수 있을
까?

III

인간이라는 피조물의 냄새는 악취를 풍기는 어느 신에게 가는 길로 우리를 인도한다.

✧

만일 역사에 어떤 목적이 있다면, 아무것도 이룬 것이 없는 우리의 운명이란—그 얼마나 가련한 것인가! 그러나 쓸모없는 매춘부이자 자신이 옳았다고 자랑스러워하는 하찮은 족속인 우리는 총체적 무의미 속에서 몸을 세우고 버틴다.

✧

자신의 의심에 확신을 갖지 못하고 이것이 진정한 의심인가 자문할 때면 얼마나 걱정스러운가?

✧

본능을 억제해본 적이 없는 인간, 성적 금욕을 자신에게 장시간

강요해본 적 없거나 변태적인 금욕을 경험하지 못한 인간은 범죄나 황홀경의 언어를 알지 못할 것이다. 사드 후작*의 강박이나 십자가의 성 요한의 강박을 결코 이해하지 못할 것이다.

✧

죽음의 충동이나 그 어떤 충동에 조금이라도 굴복하고 나면 우리가 '자신'을 속이는 데 얼마나 성실한지 드러난다.

✧

선행의 유혹을 느낄 때면 시장에 가보라. 많은 사람 틈에서 가장 불쌍한 노파를 골라 발을 밟아보라. 노파가 흥분해 떠들며 형용사의 남용에 도취해 빛나는 후광을 볼 수 있게 아무 대답도 하지 말고 쳐다보라.

✧

---

*   18세기 프랑스 소설가이자 사상가(1740~1814).『미덕의 불운』『악덕의 번영』등의 소설을 썼으며, 가학성애적인 내용으로 인해 그의 이름을 따 '사디즘'이라는 용어가 탄생했다.

자기 자신에게 다시 빠지기 위해서라면 신을 떨쳐버리는 것이 무슨 소용인가? 시체를 다른 시체로 대신하는 것이 무슨 소용인가?

✧

거지는 모험심에 불타서 가난을 버리고 동정심의 정글을 탐험하는 인간이다.

✧

인간들의 단점을 피하려면 인간들의 미덕을 동시에 멀리해야 한다. 그런 지혜를 통해 인간은 자신을 망친다.

✧

더 심한 고통의 희망이 없다면, 나는 이 순간의 고통이 영원할 것이라 해도 참을 수 없을 것이다.

✧

　　　　　　　　　　　　　　　　　　독설의 팡세

희망한다는 것, 그것은 미래를 **부정하는** 것이다.

✧

신은 영원 속에서 우리를 위해 모든 것을 선택했다. 우리의 넥타이까지.

✧

하찮은 명분에 전심전력하지 않으면 행동도 성공도 없다. '인생'은 곤충들의 일거리다.

✧

자살의 마법과 싸우는 데 내가 들인 끈질긴 노력은 충분히 나를 구원하고, 신 속에 나 자신을 녹아들게 할 것이다.

✧

어느 것도 우리를 더이상 자극하지 않을 때 마지막 자극제인

'우울증'이 기다린다. 그것 없이 살 수 없는 우리는 오락이나 기도에서도 우울증을 찾는다. 그만큼 우울증을 빼앗길까 겁낸다. '우리에게 하루 치 우울증을 내려주십시오.' 이것이 기다림과 간청의 후렴구가 된다.

✧

정신적 작업에 아무리 익숙할지라도 인간은 하루에 두세 시간 넘게 **생각하지** 못한다—취미로 혹은 직업으로 생각들을 끄집어 내기 위해 여러 시간 동안 언어를 혹사하는 훈련을 하지 않은 이상 그렇다.

지식인은 심각한 은총의 상실을 표상하고, 호모사피엔스의 최고 실패를 표상한다.

✧

내가 한 번도 속은 적이 없다는 환상을 갖고 있는 것은 어떤 것이라도 사랑하는 동시에 증오하지 않은 적이 없었기 때문이다.

✧

우리가 포만감에 익숙하다고 해봐야 아무 소용 없다. 우리는 선구자 크세르크세스*의 서투른 모방자로 남을 것이다. 새로운 쾌락을 만들어내는 자에게 칙령으로 보상을 약속했던 것이 바로 그가 아닌가?—그가 한 일은 고대에서 가장 현대적인 행위였다.

IV

정신이 **위험한** 상태에 처할수록 피상적으로 그리고 경박하게 보일 필요를 느끼며, 자신에 대한 오해를 늘릴 필요를 느낀다.

✧

서른이 지나면 천문학자가 떠도는 소문에 기울이는 관심 이상으로 사건에 관심을 기울이지 말아야 할 것이다.

✧

* 페르시아의 제4대 왕(B.C.519~B.C.465). 그리스 원정에 실패한 후 대규모 건축 사업을 벌이다 말년에 쿠데타로 사망했다.

오로지 천치만이 숨쉬는 데 필요한 것을 갖추고 있다.

✧

나이가 들면서 지적 능력만 줄어드는 것이 아니다. 젊어서는 그 매력과 우스꽝스러움을 높이 평가하지 못했던 **절망하는 힘도** 줄어든다.

✧

신에게 다가가기 위해 신앙심을 거쳐야 한다는 것은 얼마나 유감스러운 일인가!

✧

생명—물질의 허위 과장.

✧

자살에 대한 반박—우리의 슬픔에 그렇게 기꺼이 봉사했던 세

독설의 팡세

상을 버린다는 것은 무례하지 않은가!

✧

정신없이 자아도취에 빠진다. 그래도 우리는 추방당한 크로이소스*의 자신감은 갖지 못한다. "나는 평온을 찾기 위해 공기 전체를 사서 내 소유로 만들었다." 그가 했던 말이다.

✧

우스꽝스러운 인간 앞에서 우리가 불편함을 느끼는 것은 그가 침대에 누워 죽는 것을 상상할 수 없기 때문이다.

✧

낙관주의자들, 더이상 낙관주의자가 될 수 없는 낙관주의자들만이 자살한다. 다른 인간들은 살아갈 이유도 없는데, 어떻게 죽을 이유가 있겠는가?

---

* 　리디아의 왕(?~B.C.546?). 당시 막대한 부를 축적해 부의 대명사가 되었으며 기록 역사상 최초로 주화를 제조해 유통했다.

꽃

우울한 생각을 하는 인간들? 다른 인간들과 교류하면서 아낌없이 보여주었던 유쾌함을 다시 떠올리며 복수하는 자들이다.

✧

그 여자와는 초면이었는데, 만남이 아주 기분 나쁘게 전개되었다. 나는 바다와 구약성서의 해설에 대해 이야기했다. 그런데 내가 파도의 히스테리에 대한 장광설을 끝냈을 때 그 여자가 말했다. "자기 연민을 갖는 것은 좋지 않아요." 얼마나 당황스러웠는지!

✧

불면에 마주했을 때 적은 양의 기도만 가지고 있는 무신론자에게 불행이 있으리니!

✧

독설의 팡세

내게 죽음의 지평을 열어준 자들이 모두 사회에서 폐기된 사람이었다는 것은 단순한 우연일까?

✧

미친 인간에게는 희생의 제물이 어떤 것이든 상관없다. 그는 고발자 입장에서 혼란을 참고 견딘다. 사물도 사람처럼 죄가 있다고 보고, 하고 싶은 대로 비난을 퍼붓는다. 미친 짓은 확산의 경제다―좀더 분별력을 가져야 하는 우리는 밖에서 원인이나 힘을 찾지 못하고 패배로 후퇴해 거기 매달린다. 상식은 폐쇄경제, 실패의 자급자족을 우리에게 강요한다.

✧

"사물의 질서를 끊임없이 불평하는 것은 적절치 않다, 내게 그렇게 말하셨습니다―내가 신경증을 갑자기 얻게 된 인간이고, 나병 환자를 찾아다니는 욥이고, 가짜 부처이고, 길을 잘못 들어 빈둥거리는 스키타이인*에 불과한 것이 나의 잘못입니까?"

---

*   지금의 러시아 남부 지역에서 활동했던 세계 최초의 기마 유목민.

빈정대는 것이나 한숨 쉬는 것이나 내게는 둘 다 가치 있게 보인다. 어떤 소책자를 들여다보아도, 『평화롭게 죽는 법』*을 들여다보아도 거기 써 있는 모든 것이 사실이다…… 나는 경박한 측은지심으로 진실들 위로 몸을 뻗어 말과 하나가 된다.

"너는 객관적일 것이다."―이것은 아무거나 믿는 허무주의자의 저주다.

✧

우리의 혐오감이 절정에 이르면 쥐 한 마리가 우리의 두뇌로 들어가 꿈을 꾸는 것 같다.

✧

공개 모욕이 얼마나 쓸모 있는지 혹은 운명적 굴곡이 얼마나 우리를 사로잡는지 우리에게 알려주는 것은 금욕주의적 교훈

---

*　ars moriendi. 중세 후기에 유행한 기독교 신앙서로 슬기롭게 죽음을 맞이하는 방법을 다루었다.

이 아니다. 무감각의 매뉴얼은 너무 이성적이다. 만일 사람들이 잠시 부랑자가 되어본다면 어떨까? 누더기를 걸치고 사거리에 앉아서 오가는 인간들에게 손을 내밀고 그들의 경멸을 받거나 적선에 감사해본다면─얼마나 대단한 훈련이 될 것인가! 아니면 길에 나가 모르는 인간들에게 욕을 하고 따귀를 맞아본다면……

나는 한동안 법정을 드나들었다. 유일한 목적은 재범자들이 어떻게 법 위에 있으며, 자신을 파멸로 몰아가는지 보려는 것이었다. 그러나 경범 재판소에서 매춘부들이 보이는 여유와 비교하면 애처롭기 짝이 없었다. 매춘부들의 초연한 태도는 황당했다. 자존심이 전혀 없었다. 어떤 욕설에도 고통을 느끼지 않으며, 어떤 말에도 상처받지 않았다. 뻔뻔함은 정직성의 한 형식이다. 어느 열일곱 살 매춘부는 앞으로 다시 길에 나서지 않겠다는 약속을 받아내려고 애쓰는 판사에게 소름 끼치도록 당당하게 말했다. "판사님, 나는 그 약속을 할 수 없습니다."

사람이 자신의 힘을 가늠하는 것은 굴욕을 감당할 때뿐이다. 수치심을 경험하지 못했으면 보충하기 위해 그 경험의 기회를 우리 스스로 가져야 할 것이다. 인간들이 침을 뱉어 경의를 표하기를 기다리며 거울 속에 침을 뱉어야 할 것이다. 신이 **기품 있는** 운명을 면제해주시기를!

＊

나는 숙명이라는 개념을 아주 소중히 생각하기에 큰 대가를 치르면서 가꿔왔다. 드디어 그것이 구체적인 모습을 갖추기 시작했다. 자, 이제 그 개념은 추상의 영역에서 벗어나 숨쉬며 내 앞에 우뚝 서서 내가 주었던 모든 활기로 나를 압도하고 있다.

독설의 팡세

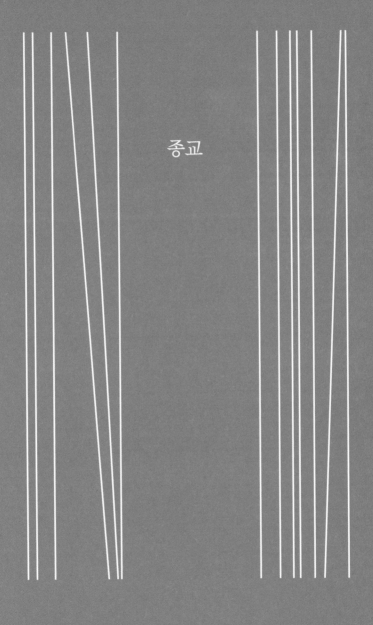

종교

만일 내가 신을 믿었다면 나의 자만심은 끝이 없었을 것이다. 예컨대 벌거벗고 길을 돌아다니기도 했을 것이다.

✧

성자들도 그렇게 쉬운 역설에 의지했으니, 사교계에서도 성자들을 인용하지 않을 수 없다.

✧

수천 번의 인생을 살아야 채워질, 고통에 대한 욕망에 사로잡히면 윤회사상이 어떤 지옥에서 솟아났는지 이해할 수 있다.

✧

물질 외에 모든 것은 음악이다. 신조차도 소리 나는 환각일 뿐
이다.

✧

한숨 이전에 있었던 한숨들을 추적하면 우리는 직전 순간으로
돌아간다─마치 신의 창조 여섯번째 날로 돌아가듯이.

✧

영원성이 어떻게 **진화할** 수 있는지 이해하게끔 해주는 것은 오
르간 소리뿐이다.

✧

신을 향해 더이상 앞으로 나아가지 못하고, 온 방향으로 신을
주파하고, 신을 짓밟고 닳아버리게 하는 밤들, 신을 폐기물 속
으로 던져버리는 밤들…… 세상에 쓰레기를 하나 더 늘리겠다는
생각으로 명료해지는 그 밤들.

독설의 팡세

✧

반어법으로 경계하지 않는다면 종교를 창설하기 얼마나 쉬울 것인가! 시끌시끌한 최면으로 얼빠진 구경꾼을 모으는 것으로 충분할 것이다.

✧

어디서나 존재하는 특혜를 누리는 것은 신이 아니라 고통이다.

✧

심한 시련 속에서는 복음서보다 담배가 우리를 더 효과적으로 도와준다.

✧

주조*는 단검으로 심장 부위에 '예수'라는 글자를 새겨넣었다.

---

* 독일 도미니크회 수사이자 신비사상가(1295~1366). 주요 저서로 『진리의 서』 『영원한 지혜의 서』 등이 있다.

피를 흘린 것이 헛수고는 아니었던 것이, 얼마 후 그 상처에서 빛이 흘러나왔다.

나는 불신앙 속에서 더 강한 힘을 가지지 않았는가! 내 살 속에 다른 이름, 적수의 이름을 새겨넣어 빛나는 간판으로 봉사하지 않았는가!

✧

시간 속에 정착하고 싶었다. 그러나 살 수 없는 곳이었다. 영원을 향해 몸을 돌렸지만 발을 잘못 내디딘 것이었다.

✧

인간에게는 "신이냐 나 자신이냐"라고 혼잣말을 하고 싸움을 시작하는 순간이 찾아온다. 싸움이 끝나면 둘 다 쇠약해진다.

✧

한 존재의 비밀은 그가 원하는 고통과 일치한다.

✧

종교적 체험의 문제에 있어서 현대인은 학문적 불안밖에 알지 못한다. 종교가 가진 절대성의 **무게를 재고**, 다양한 종류를 연구하며, 신화—그 역사 의식에 대한 현기증—에 전율을 맡긴다. 더이상 기도하지 않고 기도에 대해 따진다. 감탄은 없고 이론뿐이다. 종교가 신앙을 배척한다. 예전에 인간은 사랑 혹은 증오심으로 신 속에서 모험을 했다. 이제 신은 끝없는 무가 아니라—신비주의자나 무신론자에게는 대단히 절망스럽게도—하나의 **문제가** 되었을 뿐이다.

✧

우상숭배자가 그러하듯 나는 우상을 파괴하고 그 잔해에 제물을 바친다.

✧

성스러움은 나를 전율하게 한다. 그 타인의 불행에 대한 간섭, 그 야만스러운 자비심, 그 **거리낌없는 동정심**……

✧

뱀에 대한 우리의 강박은 어디서 오는가?—마지막 유혹, 닥쳐 올 타락 그리고 이번에는 천국의 **기억**까지 잃게 할, 돌이킬 수 없는 타락에 대한 두려움에서 오는 것이 아닐까?

✧

잠자리에서 일어나면서 듣고 하루종일 흥얼거리던 장송곡이 저녁이면 닳고 닳아 **찬가** 속으로 사라져버리곤 했던 시절이 있 었다……

✧

회의주의를 망치다니, 기독교는 얼마나 큰 죄를 저질렀는가! 고 대 그리스인이라면 결코 고통의 신음소리를 회의주의와 연결 시키지 않았을 것이다. 파스칼 앞에서 혐오감에 가득차 물러났 을 것이고, 십자가가 나타난 이래 정신의 가치를 떨어뜨리는 영 혼의 과잉 앞에서는 더욱더 뒤로 물러났을 것이다.

✧

성자보다 더 불필요한 존재가 된다……

✧

죽음을 생각할 때면 얼마나 심한 무력감이 우리를 덮치는지, 혈
관 속에서 얼마나 큰 변화가 일어나는지, 죽음을 잊어버리고 혈
액의 화학반응만 생각하게 된다.

✧

천지창조는 첫번째 태업 행위였다.

✧

심연에 끌려들어가 거기서 벗어나지 못하고 분노하는 무신론
자는 라모*의 발레 작품만큼 깊이 없는 세상을 만들겠다고 신

---

*   프랑스의 작곡가(1683~1764). 근대 화성악의 기초를 확립했고 오페라
와 발레 양식을 발전시켰다.

비주의적 열정을 소모한다.

✧

구약성서에서는 인간이 하늘을 윽박지를 줄 알았고 주먹으로 위협하기도 했다. 기도는 피조물과 조물주 간의 말다툼이었다. 그리고 나타난 신약성서는 둘을 화해시키려 했다. 용서할 수 없는 기독교의 잘못이었다.

✧

기억 없이 사는 것은 천국에 머물러 있는 것이다. 식물들은 여전히 천국을 즐기고 있다. **망각의 불가능성**이라는 죄를 선고받지 않았다. 그러나 우리는 걸어다니는 후회 그리고 기타 등등이다. (천국을 그리워한다!―그 이상 시대에 뒤떨어진 일은 없을 것이며, 그 이상 낡거나 촌스러운 열정은 없을 것이다.)

✧

"주님, 당신 없이 나는 미쳐버립니다. 당신과 함께하면 더 심하

게 미쳐버립니다."—저 위의 실패자와 이 아래의 실패자가 다시
접촉해서 나오는 결과는 기껏해야 이것이다.

✧

고통이 저지른 가장 큰 죄악은 혼돈을 **조직**하고 그것으로 세상
을 만들었다는 것이다.

✧

신자는 없고 파이프오르간이 우리에게 전해주는 신의 경련만
있다면 교회는 얼마나 유혹적인가!

✧

신비를 접하고는 그것을 비웃을 수 없을 때, 명철한 정신이라는
절대에 대한 백신은 무슨 소용이 있는 걸까 생각해본다.

✧

사막에 가서 살겠다고 얼마나 소란을 피웠는가! 그랬던 옛 은둔자들보다 더 영악한 우리는 우리 안에서 사막을 찾는 법을 배웠다.

✧

나는 밀고자처럼 신의 주위를 배회했다. 신에게 간청할 수 없었던 나는 신의 동정을 살폈다.

✧

예수그리스도는 자신이 긴 안락의자에서 죽지 못했다는 것에 대해 2천 년 전부터 우리에게 복수하고 있다.

✧

인생을 즐기는 자들은 신의 존재를 개의치 않는다. 신을 반추하는 것은 정신병자와 술주정뱅이, 이 대단한 전문가들이다.
우리가 아직 경박하게 굴 수 있는 특권을 갖고 있는 것은 우리에게 판단력이 남아 있는 덕분이다.

✧

자신에게서 시간의 독소를 제거하고 영원의 독소만 간직한 다―신비주의자들이 하는 철없는 짓이다.

✧

이단을 통해 자신을 새롭게 만들 수 있는 가능성이 있다는 점에서 신자는 무신론자보다 확실히 우월하다.

✧

천사들을 아쉬워할 때 인간은 가장 비참해진다. 뇌가 녹아버릴 정도로 기도하고 싶은 순간을 제외하고는.

✧

냉소주의는 인간에게 지나친 관심을 쏟는다. 그 점에서 종교보다 더 큰 잘못을 저지른다.

✧

프랑스인과 신 사이에는 교묘한 재치가 끼어들어 있다.

✧

당연히 그래야 하듯 나는 신의 존재에 유리한 주장들을 검토했다. 그 결과 신이 부재한다는 것은 변하지 않는 사실로 보였다. 신은 창조를 통해 스스로를 약하게 만드는 천재성을 가지고 있다. 신의 옹호자들은 신을 추악하게 만들고, 신의 숭배자들은 신을 수상하게 만든다. 신을 사랑하기 두려워하는 사람은 성자 토마의 책을 열어보기만 하면 된다……

중부 유럽의 한 대학 교수가 생각난다. 그는 한 여학생에게 신이 존재하는 증거가 무엇인지 물었다. 여학생은 역사적, 존재론적 등의 근거를 제시했다. 그리고 급하게 덧붙였다. "그런데 저는 믿지 않습니다." 화가 난 교수는 논거를 하나하나 되짚었다. 여학생은 어깨를 으쓱하면서 자신의 무신론을 고집했다. 그러자 교수는 신앙심으로 상기되어 벌떡 일어섰다. "학생, 맹세코 신은 존재합니다."

……그 논리 하나만으로 모든 신학적 주장에 맞먹는 가치가 있

는 것이다.

불멸에 대해 무슨 말을 해야 하는가? 불멸을 규명하거나 그저 다뤄보고 싶다는 것도 비논리적이거나 엉터리다. 그렇지만 이론서들은 불가능한 마력을 구구하게 설명한다. 이론서들을 믿어보자면, 시간을 부정하는 추론을 따르기만 하면 된다…… 그러면 우리가 영원을 얻고, 먼지를 묻히지 않고, 죽음의 고통을 면제받는다는 것이다.

내가 나약한 것이 아닐까 의심이 들게 하는 것은 그런 허튼소리가 아니다. 오히려 미쳐버린 거리의 악사인 내 오랜 친구가 하는 명상이 나를 혼란스럽게 한다. 모든 미친 사람들이 그러하듯 그는 스스로 생각하여 수많은 문제를 '해결'했다. 어느 날 카페 테라스들을 한 바퀴 돌고 난 그는 내게 와서 불멸……에 대해서 물었다. "생각할 수 없는 것이지요." 현실을 떠난 눈과 주름과 누더기에 이끌리는 동시에 불쾌감을 느끼면서 내가 대답했다. 그는 확신에 차 있었다. "불멸을 믿지 않는 것은 잘못이야. 믿지 않으면 살아남지 못해. 나는 죽음이 나를 어쩌지 못한다고 확실히 믿어. 그리고 네가 뭐라 하든 모든 것은 영혼을 가지고 있어. 저기 길에서 파닥거리다가 갑자기 지붕 위로 솟아올라 파리 시내를 **바라보는** 새들을 본 적 있어? 저것들은 영혼을 가지고 있고 그래서 죽을 수 없는 거야."

가톨릭이 인간 정신에 대한 영향력을 회복하려면, 모순에 시달리고 히스테리를 전염시키며 이단적 분노에 사로잡힌 사나운 교황, 신학의 2천 년 전통에도 구속받지 않는 야만인이 필요할 것이다—로마와 나머지 기독교 지역에서 광기의 자원은 완전히 고갈되었는가? 16세기 말 이래로 교회는 인본주의적으로 변해 2급 분열과 위엄 없는 성자밖에 생산하지 못했고, 가소로운 파문만 선고했다. 어떤 정신병자가 나타나 구원하지 못하면 교회는 또다른 침체에 빠질 것이다.

✧

신학자들이 생각해낸 것 중에서 유일하게 읽고 이해할 수 있는 페이지와 진정성 있는 말은 적수에게 바쳐진 것이다. 신학자들이 빛에 등을 돌리고 어둠에 몰두할 때 얼마나 어조가 바뀌고 달변에 불이 붙는가! 그들은 본성으로 다시 내려가 자신을 되찾는 것처럼 보인다. 그들은 증오할 수 있다. 허가를 받았다. 더 이상 고상한 중얼거림도 없고 교훈의 지겨운 반복도 없다. 증오심은 야비할 수 있다. 그러나 증오심을 떨쳐버리는 것은 그것을

독설의 팡세

남용하는 것보다 더 위험하다. 교회는 대단히 지혜롭게도 신도들의 그런 위험 부담을 없애주었다. 신도들의 본능을 만족시키기 위해 악에 반대하도록 자극한다. 신도들은 거기에 달라붙어 조금씩 파먹는다. 그것은 다행스럽게도 닳아 없어지지 않는 간식이다…… 만일 그것을 빼앗으면 나쁜 짓을 저지르거나 무력감에 빠질 것이다.

✧

우리 영혼에서 신의 존재를 몰아냈다고 믿는 때에도 신은 아직 거기에 남아 있다. 신이 거기서 지루해하는 것이 느껴지지만, 우리에게는 신을 즐겁게 해줄 수 있는 신앙심이 남아 있지 않다.

✧

신과 악마에 실망한 신도에게 종교는 무슨 도움이 될 수 있을까?

✧

내가 무기를 내려놓을 이유가 있는가? 나는 모든 모순을 다 겪

지 못했다. 아직도 새로운 **막다른 골목**에 대한 희망을 간직하고
있다.

✧

내가 기독교에서 **확실하게 이탈한** 이후 많은 세월이 흘렀다.

✧

신앙은 인간을 건방지게 만든다. 새로 얻은 신앙은 사악한 본능
을 자극한다. 그 신앙을 공유하지 않는 인간들을 동정이나 경멸
받아야 마땅한 패배자나 무능한 자로 본다. 정치나 특히 종교
에 입문한 인간들을 관찰해보라. 신이 자신들의 술책에 흥미를
갖게 만드는 데 성공한 인간들, 개종자들, 절대의 벼락부자들을
관찰해보라. 그들의 무례함을 신앙과 신념을 잃어가고 있는 인
간들의 겸손 그리고 상식과 비교해보라……

✧

자아의 경계선에서: "나를 고통스럽게 했고, 나를 고통스럽게

하고 있는 것, 누구도 그것을 결코 알지 못할 것이다. 나 자신조
차도."

✧

고독해지고 싶어서 인연들을 끊으면 허탈하다. 더이상 아무것
도 없고 아무도 없다. 또 누구를 없앨까? 어디서 계속 희생자를
찾을까?—황망하다. 그것이 우리를 신에게 인도한다. 신과는
적어도 무한하게 인연을 **끊을** 수 있다는 확신이 있으니까.

사랑의
생명력

사랑을 해보기도 전에 실망한 성적 본능은 권태의 제물이 된다.

✧

떠나가는 사랑은 얼마나 풍부한 철학적 시련인지, 이발사도 소크라테스의 아류로 만든다.

✧

사랑의 기술? 뱀파이어의 기질에 아네모네의 신중함을 결합하는 것이다.

✧

질투심에 빠진 인간은 고통을 찾고 고통에 집착하는 데 있어 순교자와 경쟁한다. 그런데 질투하는 인간은 조롱받는 반면 순교자는 성인의 품격으로 추앙받는다.

❖

왜 '결혼의 영구차the marriage hearse'인가? 왜 사랑의 영구차가 아닌가? 블레이크*가 그렇게 제한한 것은 얼마나 유감스러운 일인가!

❖

오난**, 사드, 자허마조흐***, 그들은 얼마나 운좋은 인간들인가! 그들의 이름은 그들의 업적과 함께 결코 사라지지 않을 것이다.

❖

---

* 영국의 시인이자 화가(1757~1827). 시화집 『천국과 지옥의 결혼』으로 유명하다.

** 마스터베이션을 뜻하는 오나니슴의 어원이 된 성서 속 인물.

*** 오스트리아의 소설가(1836~1895). 피학적인 성적 욕망을 다룬 소설 『모피를 입은 비너스』로 유명하며 그의 이름에서 마조히즘이라는 단어가 유래되었다.

사랑의 생명력: 낭만주의와 성을 거치고 살아남은 감정을 비방하는 것은 부당한 일이 될 것이다.

✧

한 사람의 매춘부를 위해 자살하는 사람은 세상을 전복시키는 영웅보다 더 완벽하고 깊이 있는 체험을 하는 것이다.

✧

누가 성욕에 자신을 소모하겠는가? 1초가 조금 넘게 그리고 나머지 평생 동안 이성을 잃고 싶지 않다면.

✧

나는 때때로 정신분열증 환자가 어떤 향기를 꿈꾸듯 멀고 아득한 어떤 사랑을 꿈꾼다.

✧

자신의 두뇌를 느낀다는 것, 그것은 생각이나 남성성 둘 다에 해로운 현상이다.

✧

여자의 두 가슴 사이에, 죽음의 두 대륙 사이에 이마를 묻다……

✧

욕망 안에서는 성직자와 백정이 싸우고 있다.

✧

정신과 어떤 관계를 맺기 위해서는, 자기 존중과 어떤 관계를 맺기 위해서는 열정을 가장하고 미친 짓을 가장해야 한다. **진정성 있는 감정은 자신에 대한 배려가 부족한 데서 온다.**

✧

아담이 행복한 사랑을 했다면 우리에게 역사를 면제해주었을 것이다.

✧

나는 디오게네스가 젊은 시절 사랑의 시련을 겪었을 것이라고
늘 생각해왔다. 성병이나 다루기 힘든 하녀가 없다면 인생을 비
웃는 길로 들어서지는 않을 것이다.

✧

자신이 했을 때만 용서할 수 있는 퍼포먼스들이 있다. 예컨대
어떤 불만이 극에 달했을 때 다른 인간들을 떠올리면 그들에게
손을 내미는 것이 불가능할 것이다.

✧

육체와 자비심은 양립하지 않는다. 오르가슴은 성인조차도 늑
대로 만든다.

✧

은유법 다음에는 약을 처방한다—위대한 감정들은 그렇게 시들어간다.

시인으로 시작해서 산부인과로 끝맺다! 그 연인의 조건은 모든 조건 가운데서 가장 부럽지 않은 조건이다.

✧

분비샘에 전쟁을 선포한다. 그리고 천박한 여인의 악취 앞에 무릎을 꿇는다…… 냄새의 프로토콜, 동물적 냄새에 대항해 자존심은 무엇을 할 수 있는가?

✧

꽃들의 성관계를 슬퍼하며—그 뿌리에 눈물을 쏟고 있는 계절, 봄보다 더 순결한 사랑을 상상한다.

✧

나는 사랑에서 그리고 모든 것에서 비정상을 이해할 수 있고 정당화할 수 있다. 그러나 멍청이들 중에 성불구자가 있다는 것은 내 이해를 넘어선다.

✧

성욕: 육체의 혼란, 외과수술과 잿더미, 바로 직전에 살았던 한 성자의 동물성, 우습고 잊을 수 없는 허물어짐이 일으키는 소란.

✧

패닉 속에서처럼 쾌락 속에서도 우리는 우리의 근원으로 돌아간다. 부당하게 쫓아버린 침팬지가 드디어 영광, 그 외침의 공간에 도달한다.

✧

성욕 안에 아이러니가 있다는 의구심은 성욕을 행동으로 옮기는 것을 흐트러지게 하고, 행동으로 옮긴 인간을 인간 종種에 '불성실'한 자로 만든다.

✧

자신들이 받고 있는 형벌에, 자신들이 하고 있는 시끄러운 땀내기에 감탄하며 작업하는 두 명의 희생자. 감각의 절박성과 육체의 진지성은 우리에게 얼마나 끔찍한 의례를 강요하는가! 한창 신음하다가 웃음을 터뜨리는 것, 그것만이 우리의 피가 내려주는 처방에 도전하는, 생물의 위엄에 도전하는 유일한 방법이다.

✧

그 옆에서는 트리스탄*도 포주로 보일 정도로 가련한 인간의 고백을 들어보지 않았던 인간이 있겠는가?

✧

사랑의 품위는 흥분의 순간이 지나고 남은 허탈한 마음 속에 버티고 있다.

---

* 중세소설 『트리스탄과 이졸데』의 주인공.

만일 성불구자들이 자연이 자신들에게 얼마나 모성적이었는지 깨닫게 된다면, 분비샘이 잠든 것을 축복할 것이며 길에 나가 자랑할 것이다.

✧

쇼펜하우어가 성욕을 형이상학에 도입하겠다는 기괴한 생각을 한 이후, 프로이트가 외설을 사이비 정신장애 과학으로 대체하 겠다는 기괴한 생각을 한 이후, 인간들이 자신들의 업적, 수치, 성공의 '의미'를 떠드는 것이 유행이 되었다. 모든 고백은 거기 서 시작한다. 모든 대화는 거기까지 간다. 다른 사람들과의 관 계는 곧 실제 느낀 혹은 가장한 오르가슴의 기록으로 압축될 것이다…… 언어를 통해서 자신을 재생산하고, 자신의 밤들을 펼쳐 보이고, 그 실패와 승리를 과장하는 것이 자기반성과 빈혈 로 거칠어진 인간 족속의 운명이다.

✧

정신적으로 모든 것을 거쳐 돌아온 인간일수록, 사랑이 닥치면 들뜬 처녀처럼 반응할 위험이 있다.

✧

남자에게도 여자에게도 두 가지 길이 열려 있다. 잔인해지든지 아니면 무관심해지든지. 모든 징후로 보아 둘 다 두번째 길을 택하리라는 것을 알 수 있다. 둘 사이에는 설명도 절교도 없을 것이며 서로 계속 멀어질 것이다. 여러 학파와 교회가 알려주는 동성애와 자위가 군중 사이에 퍼질 것이고, 사라졌던 수많은 악습이 다시 번성할 것이며, 과학기술이 근육 경련의 생산성과 커플의 저주를 대신할 것이다.

✧

사랑은 해부학과 황홀경의 혼합이고, 해결 불가능의 극치이며, 실망의 허기를 채워주는 이상적인 먹이다. 사랑은 우리를 영광의 바닥을 향해 데려간다.

✧

우리는 그럼에도 여전히 사랑한다…… 그 '그럼에도'는 무한하다.

음악에
대하여

평범한 영혼을 가지고 태어난 나는 음악에 또하나의 영혼을 주문했다. 기대하지 않았던 불행들의 시작이었다.

✧

개념의 제국주의가 없었다면 음악이 철학을 대신했을 것이다. 그랬다면 표현할 수 없는 명징의 천국이 도래했을 것이고, 황홀경이 전염병처럼 퍼졌을 것이다.

✧

베토벤은 음악을 오염시켰다. 음악에 기분의 변덕을 도입했고, 분노가 들어가게 두었다.

✧

바흐가 없었다면 신학은 대상이 없었을 것이고, 천지창조는 허구였을 것이며, 공허는 항변의 여지가 없는 당연한 것이었을 것이다.

바흐에게 모든 것을 빚진 어떤 존재가 있다면, 바로 신이다.

✧

살 수도 죽을 수도 없는 이중 불가능성을 우리 안에서 억제하는 멜로디, 그 멜로디 옆에서 모든 멜로디는 무슨 소용인가!

✧

플라톤을 읽어서 무슨 소용인가! 색소폰 소리도 다른 세계를 엿보게 해주는 마당에.

✧

음악에는 저항할 방법이 없다. 횡포를 감수하고 그 변덕에 따라

신이 되든지 누더기가 되든지 할 수밖에 없다.

✧

나에게서 모차르트를 영원히 떼어놓을 수 있다는 생각을 할 수 없었으므로 더이상 죽음이 두렵지 않았던 시절이 있었다. 음악가를 만날 때마다, 음악을 하나하나 접할 때마다 번번이 그와 같았다……

✧

쇼팽은 피아노를 폐병의 지위에 올려놓았다.

✧

음악의 세계: 표현 불가능성의 의성어, 펼쳐진 불가사의, 인식하지만 잡을 수 없는 무한…… 그 세계의 유혹을 느끼고 나면 한숨 속에 자신을 방부 처리할 생각밖에 들지 않는다.

✧

음악은 행복으로 상처받은 영혼의 피난처다.

✧

시간의 **감촉**을 느끼게 하지 못하면 음악이라고 할 수 없다.

✧

현재적 무한성은 철학에는 난센스이지만 음악에는 현실, 본질 그 자체다.

✧

만일 음악의 아부에, 그 호소에, 음악이 내 안에서 만들었다 파괴하는 그 세계들에 탐닉했더라면 우쭐해져서 이미 오래전에 이성을 잃었을 것이다.

✧

독일 음악, 그 가을들의 기하학, 그 개념의 알코올, 그 형이상학

적 도취를 잉태한 것은 다른 하늘을 향한 북부 사람들의 갈망
이었다.

19세기 이탈리아—소리들의 장터—는 밤의 차원이 부족했고,
그늘을 눌러 본질을 짜내는 기술이 부족했다.

브람스인가 태양인가, 둘 중 한쪽 편을 들어야 한다.

✧

음악, 그 작별의 시스템은 출발점이 미립자가 아니라 눈물인 물
리학을 연상시킨다.

✧

어쩌면 나는 음악에 너무 기대를 걸었는지 모른다. 그 숭고
한 곡예, 그 무언의 사기성을 충분히 경계하지 않았는지 모른
다……

✧

모차르트의 일부 안단테에서는 경쾌한 슬픔이 배어나온다. 마

치 또다른 인생에서의 장례식을 꿈꾸는 것처럼.

✧

음악조차도 우리를 구원할 수 없을 때면 우리의 눈에서는 칼이 번득인다. 범죄의 마력을 제외하면 아무것도 우리를 버티게 하지 못한다.

✧

얼마나 음악에 의해 죽고 싶은지! 음악의 마법적 권위를 때로 의심했던 자신을 벌주기 위해서.

역사의
현기증

인류가 막 생겨나 불행을 시험해보던 시절, 그 누구도 인간이 언젠가 불행을 시리즈로 생산할 능력을 갖게 되리라고는 믿지 않았을 것이다.

✧

만일 노아에게 미래를 읽는 능력이 있었더라면 틀림없이 선체에 구멍을 뚫어 침몰했을 것이다.

✧

행위의 모든 동기도 그렇지만 역사적 혼란도 정신의학의 영역에 속한다. **움직인다**는 이성을 저버리는 것이며, 환자 구속복을 입게 될 위험을 무릅쓰는 것이다.

＊

사건들—시간의 종양들······

＊

프로메테우스가 요즘 시대에 살았다면 야당 국회의원이 되었을 것이다. 이것이 진화다.

＊

범죄의 시간은 모든 민족에게 한꺼번에 울리지 않는다. 역사의 지속성은 그렇게 설명된다.

＊

우리 각자에게는 최악을 탐색하고 완벽한 예언자가 되려는 야망이 있다. 안타깝다! 우리가 생각해본 적 없는 재난이 그렇게 많다니!

고문을 무심하게 자행했던 다른 세기들과 반대로 우리 시대는
까다롭다. 우리의 잔인성에 충실한 결벽증까지 덧붙인다.

✧

모든 분노는―불평에서 악마 신봉까지―정신적 진화를 한 번
씩 중단시킨다.

✧

자유란 이단이 되려는 **의지**로 불타는 인간들에게만 최고의 선
이다.

✧

나는 다른 정치체제보다 이런 정치체제에 쏠립니다, 그렇게 말
하는 것은 모호성 안에서 떠도는 것이다. 나는 이 경찰을 다른
경찰보다 더 좋아합니다, 그렇게 말하는 것이 정확하다. 역사는

사실 경찰의 분류로 귀착된다. 역사학자가 다루는 것은 무엇인가? 각 시대마다 인간들이 경찰에 대해 가지고 있는 견해가 아닌가?

✧

지배당하는 민족이나 그들의 자유를 향한 희망에 대해 우리에게 더이상 이야기하지 마십시오. 폭군들은 너무 늦게 살해된다는 것이 그들이 하는 변명입니다.

✧

증오심을 즐기기 위해 증오하는 평화의 시대가 오면 우리 마음에 드는 적들을 찾아야 한다―혼란한 시대에는 가질 수 없는 달콤한 걱정거리다.

✧

인간은 재난을 **분비한다**.

✧

나는 천문학을 사랑했던 민족들을 사랑한다. 칼데아인, 아시리아인, 콜럼버스 이전의 아메리카 원주민. 이들은 하늘을 향한 취미 때문에 역사적으로 망한 민족들이다.

✧

진정으로 선택받은 백성인 집시, 그들은 어떤 사건이나 제도에도 책임이 없다. 대지 위에 아무것도 **세우지** 않겠다는 생각으로 대지를 제압했다.

✧

몇 세대가 지나면 웃음이 입문자들에게 제한되어 황홀경만큼이나 실천 불가능한 것이 될 것이다.

✧

군악대에 더이상 반응하지 않을 때 한 국가는 소멸한다. **나팔**의 죽음은 곧 국가의 몰락이다.

✧

회의주의는 젊은 문명에는 자극제이고, 늙은 문명에는 신중함이다.

✧

풍족한 국가에서는 정신 치료가 번창한다. **임박한** 불안의 부재가 병적 분위기를 조성하는 것이다. 한 국가가 신경의 안정을 유지하려면 생존적 불행, 근심의 **대상**, '복합 심리'를 정당화하는 실제적 공포가 필요하다. 사회는 위험 속에서 견고해지고, 중립 상태에서는 쇠약해진다. 평화, 위생, 안락이 넉넉하면 정신 질환이 늘어난다.

……내가 떠난 나라는 행복을 경험한 적이 없어서 정신분석가를 단 한 명밖에 배출하지 못했다.

✧

폭군들은 그들의 잔인성을 충족시키고 나면 관대해진다. 질투가 많은 노예들이 똑같이 잔인성을 채우겠다고 주장하지만 않는다면 질서가 회복된다. 늑대가 되고 싶어하는 양들의 갈망이 대부분 사건을 만든다. 늑대의 송곳니를 갖지 못한 인간들은 그것을 갖기를 꿈꾼다. 게걸스럽게 먹어치울 차례가 오기를 바라며, 집단의 동물성으로 성공한다.

역사—그 억눌린 자들의 역동성.

✧

프랑스는 지성을 미덕의 하나로 분류하고, 어리석음을 악덕으로 분류해 도덕의 분야를 확장했다. 다른 나라에 대해 그들이 가지고 있는 유리한 점, 그 모호한 지배권은 거기서 기인했다.

✧

한 문명이 얼마나 세련되었는가 하는 수준은 간 질환 환자, 성불구자 혹은 신경증 환자의 수로 측정할 수 있을 것이다. 그런데 그 병자들로 제한할 이유도 없지 않은가? 내장이나 분비샘의 결함 때문에 정신이 숙명적으로 성장하고 있음을 보여주는 다른 환자들도 이렇게 많은 마당에……

✧

생물학적으로 허약한 인간들은 인생에서 어떤 만족감을 느끼지 못하고, 조건을 변화시키려고 노력한다.

왜 혁명가들이 신념의 초기 **증상**을 보일 때 그들을 고립시키지 않았는가? 왜 구제원이나 감옥으로 보내지 않았는가? 갈릴리의 예수는 열두 살에 거기 들어갔어야 했다. 사회는 잘못 조직되어 있다. 젊어서 죽지 않은 정신이상자들을 막기 위해 사회는 아무것도 하지 않았다.

✧

회의주의는 너무 늦게 우리 위로, 신념으로 망가진 우리의 얼굴 위로, 우리의 관념적인 하이에나의 얼굴 위로 퍼진다.

✧

전쟁에 대한 책―클라우제비츠의 책*―은 레닌과 히틀러의 애독서였다. 그런데도 우리는 지난 세기가 왜 유죄 선고를 받았는지 아직도 모르고 있다!

✧

동굴에서 사교 살롱으로 넘어가기 위해 우리에게는 엄청난 시간이 필요했다. 사교 살롱에서 동굴로 되돌아가는 데도 그만한 시간을 들일 것인가, 아니면 단계를 뛰어넘을 것인가?―선사시대를 **예감하지** 못하는 인간들을 위한 한가로운 질문이다.

✧

모든 재난―혁명, 전쟁, 박해―은 하나의 깃발에 **대충** 새겨넣은 것이다.

✧

---

*   프로이센의 군인이자 군사이론가 카를 폰 클라우제비츠의 저서 『전쟁론』을 말한다.

낙오한 민족만이 '인간적' 이상에 가까워진다. 나머지 민족들, 성공적인 민족들은 그들의 영광, 금빛 나는 동물성의 낙인을 지니고 있다.

✧

우리는 공포 속에서 미래가 우리에게 가하는 **공격**에 희생당하고 있다.

✧

어떤 노망의 징후도 보이지 않는 정치가는 나를 겁나게 한다.

✧

강한 민족들은 자신들의 불행에 주도권을 쥐고 있어 원하는 대로 불행의 종류를 다양하게 만들 수 있다. 그러나 나약한 민족들은 그들에게 강요된 불행밖에 갖지 못한다.

✧

불안—혹은 더 나쁜 것에 대한 광신.

✧

깡패 집단이 신화를 받아들일 때면 학살 혹은 그보다 더 나쁜
새로운 종교를 기대하라.

✧

식탁의 즐거움을 낯설어하며, 디저트의 시적 감흥이나 소화의
답답함을 모르는 민족은 흔히 폭발적 행동을 한다.

✧

그토록 성실하게 어리석지 않았다면 인간 족속이 한 세대 이상
버틸 수 있었을까?

✧

역사에 어떤 '의미'를 부여하는 철학보다는 비교秘教가 더 정직

하고 엄격하다.

✧

이 시대는 나를 시간의 새벽으로, 혼돈의 종말로 데려간다. 물질들이 앓는 소리가 들린다. 무생물들의 호소가 공간을 가로지른다. 내 뼈는 선사시대로 깊숙이 들어간다. 내 피는 원시 파충류의 혈관 속에서 흐른다.

✧

문명이 지나온 도정을 흘끗 보면 카산드라*의 예언을 생각하게 된다.

✧

인간의 '해방'?—인간 목적론적 사고를 털어버리고, 자신의 출현이 사고였으며 자신의 고난에는 아무런 의미가 없다는 것을

---

* 그리스신화 속 인물. 트로이의 함락을 예언했으나 아무도 그 말을 믿지 않았다.

깨닫게 되는 날이 올 것이다. 각각의 인간이 팔딱거리는 유식한 사형수로서 안절부절못하게 되는 날이 올 것이다. 대중에게는 '인생'이 그 정확한 수준, 즉 **노동의 가설**로 축소되는 날이 올 것이다.

✧

새벽 다섯시의 사창가를 보지 못한 인간은 우리의 세상이 어떤 피로감을 향해 가는지 상상하지 못한다.

✧

역사는 **변호할 수 없다**. 역사는 냉소주의자의 결연한 무기력증으로 대응해야 한다. 아니면 모든 인간들 편에 서서 반란자, 살인자, 신앙자 무리와 함께 걸어야 한다.

✧

인간이라는 실험은 실패했는가? 첫 인간 아담으로 이미 실패했다. 그런데 당연히 따르는 질문이 하나 있다. 그 실패에 무언가

덧붙이기 위해, 혁신을 하기 위해 충분한 발명의 능력이 우리에게 있는가?

당분간 인간이 되었다는 죄 속에서 버텨보자. 원죄의 광대로 행동하고, 지독하게 경박해져보자.

✧

지구가 태양과 결별하는 순간을 경험하지 못했다는 사실에 대해 나를 위로해주는 것은 아무것도 없다. 인간이 지구와 결별하는 순간을 볼 수 있는 가능성을 제외하면.

✧

예전에 인간은 하나의 모순에서 다른 모순으로 엄숙하게 넘어갔다. 이제 우리는 동시에 얼마나 많은 모순을 경험하는지, 어떤 모순에 매달리고 어떤 모순을 해결해야 하는지 더이상 알지 못한다.

✧

회개하지 않는 이성주의자인 우리는 운명에 적응할 능력도 없고, 운명의 의미를 알아차릴 능력도 없다. 그러면서도 자신이 행동의 중심이라 생각하고, 의지에 따라 무너질 수 있다고 믿는다. 인생에서 어떤 중대한 경험을 하게 되면, 불분명하고 추상적인 운명이 우리 눈앞에서 감각적인 위력을 발휘한다. 우리는 그렇게 자기 방식대로 비이성의 영역으로 들어간다.

✧

하나의 문명은 그 여정, 행복한 비정상적 여정의 종말에 이르면 규율 속에 시든다. 이 나라 저 나라에 아무렇게나 동조하고, 실패 속에서 뒹굴며 스스로의 운명을 유일한 문제로 만든다. 스페인은 이러한 자기 강박의 완벽한 모델이다. 정복자 콩키스타도르 시대에 동물적 초인성을 경험한 뒤에는 과거를 반추하고 빈틈을 덮고 미덕과 천재성을 녹슬게 버려두는 데 노력을 기울였다. 그리고 자신의 몰락을 사랑하게 되어 새로운 위엄으로 받아들였다. 이 역사적 자학이 스페인의 개성만이 아니라 분위기가 되었고, 유럽대륙 전체의 파멸 방식이 되었다는 것은 모를 수 없는 일이다.

✧

문명의 무상이라는 테마 앞에서 오늘날 느끼는 **전율**의 측면에서는 문맹자라도 기번*, 니체 혹은 슈펭글러**와 경쟁할 수 있을 것이다.

✧

역사의 종말? 인간의 종말? 그에 대해 진지하게 생각할 수 있는가? **임박한** 재난을 갈망하는 불안이 무슨 수를 쓰든 앞당기고 싶어할지라도, 그것은 먼 미래의 사건이다.

---

*   영국의 역사가(1737~1794). 저서 『로마제국 쇠망사』를 남겼다.

** 독일의 문화철학자이자 역사가(1880~1936). 그의 저서 『서양의 몰락』은 1차세계대전 후 독일에서 큰 반향을 일으켰다.

공허의
근원에서

나는 인류의 구원을 믿는다. 청산가리의 미래를 믿는다······

✧

인간은 자신이 생명에 가했던 치명적 타격에서 언젠가 회복될
수 있을까?

✧

나는 사물들과 화해할 수 없을 것이다. 순간순간이 내게 입맞춤
을 해주려면 시간에서 떨어져나와야 한다.

✧

정신 속에 균열이 생길 때만 저쪽 세계로 가는 통로가 열린다.

✧

캄캄한 어둠 속에서 거울에 비친 자신을 찾다가, 자신을 **기다리** 고 있는 범죄들이 거기에 투사되어 있는 것을 알아채지 못한 인 간이 있을까?

✧

고통을 과장할 능력이 없다면 우리는 고통을 견딜 수 없을 것 이다. 우리는 고통에 지나친 비중을 두고, 스스로를 버림받기로 선택된 인간이라 생각하고, 은총을 잃은 것에 우쭐해하며 힘을 얻는, 역방향으로 선택받은 인간이라고 생각한다.
우리의 더 큰 이익을 위해 우리 안에는 치유 불가능한 허풍이 존재한다.

✧

인간은 모든 것을 다시 점검해야 한다. 흐느낌까지도······

✧

아이스킬로스*나 타키투스**가 너무 소극적으로 보일 때면 『곤충들의 일생』을 펼쳐보라—분노와 무용함을, 그리고 우리에게는 다행스럽게도 극작가나 연대기 작가가 없는 지옥을 보게 될 것이다. 글을 깨우친 벌레 한 마리가 자신들의 비극을 우리에게 내밀면 우리의 비극에는 무엇이 남겠는가?

✧

당신은 행동하지 않는다. 그러나 숭고한 행위에 대한 열정을 느낀다. 당신은 적도 없이 고단한 전투를 벌인다. 그것은 식료품 상조차도 패배한 장군의 전율을 느끼게 만들 수 있는 신경증의 **덧없는 긴장**이다.

✧

---

* 　그리스의 비극 시인(B.C. 525~B.C. 456). 대표작으로 『결박당한 프로메테우스』 『오레스테이아』 삼부작 등이 있다.

** 　고대 로마의 정치가이자 역사가(56?~120?).

"나를 보십시오! 이것이 마지막입니다." 누군가가 짓는 미소를 보면서 별수 없이 드는 생각이다.

✧

주여, 나의 피, 나의 불타는 빈혈을 가엾게 여기소서!

✧

우리의 **존재 이유**를 파괴하려면 얼마나 많은 집중, 노력, 요령이 필요한가!

✧

각 개인은 생명이 뱉어낸 침방울에 불과하며, 생명이란 물질보다 더 낫지도 않다는 것을 발견할 때 아무 술집에나 들어가 틀어박히겠다는 생각이 든다. 그러나 거기서 수천 병을 비운다 해도 유토피아를 향한 꿈, 무언가 아직도 가능하다는 믿음이 생기지는 않을 것이다.

독설의 팡세

✧

인간들은 자신들의 두려움, 그 상아탑에 갇혀 있다.

✧

내가 삶에 적응하는 비결?―나는 절망을 셔츠처럼 갈아입었다.

✧

우리는 기절할 때마다 신神 속에서 마지막 감각 같은 것을 느
낀다.

✧

죽어가는 고통을 느껴보고 싶다는 나의 욕망 때문에 얼마나 많
이 죽어보았는지, 더이상 아무것도 끄집어낼 것이 없는 시체를
이 이상 남용한다는 것이 무례해 보인다.

✧

왜 존재라는 단어 혹은 다른 단어는 대문자로 시작하는가? 신이라는 단어가 더 대문자답게 **울렸다**. 우리는 그 단어를 그대로 두었어야 했다. 발음상 어울린다고 진리가 되는 것은 아니니까.

✧

이유 없는 발작이 절정에 이른 상태에서는 피로가 정신착란이 되고, 피로한 인간은 지하세계의 조물주가 된다.

✧

매일매일은 내가 **빠져** 죽고 싶은 루비콘강이다.

✧

어떤 종교의 창시자에게서도 피에르 자네*의 환자가 갖고 있는 동정심을 찾을 수는 없을 것이다. 그 여인이 일으킨 발작 중 하나는 "가엾은 센에우아즈 지방이 센 지방을 떼어버리지 못한

---

* 프랑스의 정신의학자이자 심리학자(1859~1947). '해리'와 '잠재의식'이라는 용어를 처음 만들었다고 알려져 있다.

채 품에 넣고 목을 죄고 있는" 문제에 관한 것이었다.

동정심에서나 그 외 모든 것에서 마지막으로 중요한 말을 하는 곳은 정신병동이다.

✧

꿈속에서는 우리 안에 있는 정신병자가 뚫고 나온다. 정신병자는 우리의 밤을 지배하고 나서 우리 안 깊숙한 곳에서 인간 족속의 품안에서 잠을 잔다. 그런데 가끔 우리의 생각 속에서도 코를 고는 소리가 들린다……

✧

우울증 때문에 떨고, 그것이 치료될까 두려워하는 인간은 그런 두려움이 근거가 없는 것이고 치유될 수 없다는 것을 알게 되면 얼마나 안도할 것인가!

✧

"특권을 가진 듯한 당신의 태도는 어디서 오는 것입니까?"

"나는 새벽에 자살할지를 생각하면서 숱한 밤을 보내고 살아남는 데 성공했습니다. 아시겠습니까?"

✧

모든 것을 이해했다고 믿는 순간 우리에게는 살인자의 모습이 씌워진다.

✧

더이상 후회를 다른 후회로 바꿀 수 없는 순간, 그 순간이 되어야 우리는 돌이킬 수 없는 단계에 들어선다.

✧

공간을 비상하던 그 생각들, 그리고 갑자기 두개골이라는 벽에 부딪히는 그 생각들……

✧

종교적 기질이란 확신이라기보다는 죽음 너머로 고통을 연장하려는 욕구라고 정의할 수 있다.

✧

인간에 대한 나의 혐오감이 줄어드는 것, 그들과 나를 잇는 마지막 끈이 느슨해지는 것, 그것을 나는 겁에 질려 바라보고 있다.

✧

불면증은 침대와 양립할 수 있는 유일한 형식의 영웅적 행위다.

✧

야심에 찬 젊은이가 인간 전문가들과 어울리는 것 이상으로 큰 불행은 없다. 나는 서너 명의 인간 전문가와 가까이 지낸 적이 있었다. 그들은 스무 살에 나를 **완성했다.**

✧

진리? 그것은 셰익스피어에게 있다. 철학자가 진리를 자기 것으로 만들려면 자신의 체계와 함께 산산조각나야 한다.

✧

즐거움이나 슬픔을 느끼게 하는 구실이 바닥나면 우리는 그 둘을 **순수한 상태**로 경험하는 데 이른다. 그리고 그렇게 정신병자 대열에 합류한다……

✧

다른 사람들의 과대망상을 그렇게 자주 비난해놓고, 나 자신은 가장 쓸모없는 인간이고 무능한 인간 그 자체라고 생각한다면 어떻게 웃음거리가 되지 않겠는가?

✧

"단 하나의 생각이라도 신을 향한 것이라면 우주보다 가치 있다." (카타리나 에머리히*)—가엾은 성녀님, 당신이 옳습니다……

＊　독일의 수녀(1774~1824). 예수에 대한 환시를 경험했다고 알려져 있다.

✧

수다스러운 사람과 과묵한 사람만이 미칠 수 있다. 그들은 신비를 모두 비워버린 사람과 너무 많이 쌓아놓은 사람이다.

✧

공포감―과대망상의 반대―속에서는 천체가 우리를 중심으로 돌고, 우리가 우주 소용돌이의 중심이 된다.

✧

'선악과나무'에서 하나의 생각이 충분히 익었을 때, 거기 비집고 들어가 애벌레로 살다가 빨리 떨어지게 만들면 얼마나 쾌감을 느낄 것인가!

✧

다른 사람들의 신앙이나 노동을 모욕하지 않기 위하여, 그들이 냉담이나 게으름을 이유로 나를 비난하지 않게 하기 위하여, 나는 정신적 혼란에 몰두해 그것을 내 나름의 신앙심으로 만든다.

✧

자살 충동은 법을 존중하는 소심한 살인자들의 특징이다. 죽이
는 것이 두려워 자신이 죽기를 꿈꾸는 것이다. 처벌받지 않는다
는 것이 확실하니까.

✧

반쯤 미친 사람이 내게 말하곤 했다. "면도를 하고 있을 때 신이
아니면 누가 목을 자르는 것을 막아주겠습니까?"—신앙은 결국
보호본능의 인위적 수단일 뿐인 것이다. 도처에 생물학이 있다.

✧

고통에 대한 두려움으로 우리는 현실을 무너뜨리려 애쓴다. 우리
의 노력이 보상받으면 그 무너뜨리는 행위 자체가 고통의 근원
이라는 것을 알게 된다.

◇

죽음을 장밋빛으로 보지 않는 인간은 마음의 색맹이다.

◇

현대사회는 낙태를 축하할 줄 모르고 식인 풍습을 합법화할 줄 몰랐다. 그렇기 때문에 훨씬 능률적인 방식으로 나름의 어려움을 해결해야 할 것이다.

◇

운명의 매질을 당한 인간들이 마지막으로 의지할 것은 운명이라는 **개념**이다.

◇

나는 얼마나 풀이 되고 싶은지! 설령 배설물을 감시하는 일을 해야 할지라도.

＊

내 핏속에서 탄식하고 있는 이 조상들의 집단⋯⋯ 그들의 실패
를 존중해서 나는 몸을 낮추고 한숨짓는다.

＊

우리의 두뇌부터 시작해서 모든 것이 우리의 생각을 구박한다.

＊

인간이 앞으로도 장시간 언어를 사용할 것인지, 아니면 조금씩
울부짖음의 **쓰임**을 되찾을지는 알 수 없다.

＊

파리라는 도시는 천국에서 가장 먼 지점에 있지만 아직 절망하
기 좋은 유일한 장소로 남아 있다.

＊

독설의 팡세

신이 몸소 무릎을 꿇고 기도해준다 해도 구원할 수 없을 영혼들이 있다.

✧

한 환자가 내게 말하곤 했다. "내 고통은 무슨 소용이 있습니까? 나는 시인이 아니라 그 고통을 이용하지도 못하고 거기서 허영심을 채울 수도 없습니다."

✧

반항의 대상이 사라져 더이상 무엇에 반항해야 할지 모를 때, 인간은 현기증에 사로잡혀 목숨을 어떤 편견 하나와 맞바꾸려 한다.

✧

창백해진다는 것은 우리의 피가 우리와 우리도 모르는 어떤 것 사이에 더이상 끼어들지 않겠다고 빠져나가는 것이다……

우리 각자에게는 광증이 있다. 나의 광증은 내가 정상이라고, 위험할 정도로 정상이라고 믿는 것이다. 그런데 내게는 다른 사람들이 미친 것으로 보인다. 결국 그들을 겁내게 되고, 나 자신을 겁내게 되었다.

✧

영원에 접근하고 열병을 앓고 나면 어떤 연유로 우리가 신이 되지 않았는지 알 수 없어진다.

✧

명상가와 물질주의자: 파스칼과 톨스토이. 죽음을 들여다보거나 혐오하는 차이가 있고, 죽음을 정신을 통해서 발견하거나 생리를 통해서 발견하는 차이가 있다―파스칼은 약해진 본능으로 공포심을 극복한다. 반면 죽음에 격분하는 톨스토이는 성난 코끼리, 쓰러진 정글을 연상시킨다. 피가 **뜨거운 적도**에서는 명상을 하지 않는다.

독설의 팡세

✧

연이은 실수로 자신을 죽이는 것을 게을리한 인간은 스스로를 고통의 베테랑, 자살의 은퇴자로 생각한다.

✧

석양에 가까이 다가갈수록, 인간 무리에 대해 무언가를 이해한 유일한 인간은 풍자 가요 작사가, 약장수, 미친 자 들이라는 확신이 점점 강해진다.

✧

고통을 줄이고 **의심**으로 바꾸는 것—모든 인간이 이용하는 겁 많은 회의주의가 권하는 전략이다.

✧

병은 본의 아니게 우리 자신에게 접근하게 한다. 우리를 '깊은 곳'으로 억지로 데려가 머무르도록 강요한다—병자란? 본의 아니게 형이상학자로 둔갑한 인간이다.

✧

제2의 조국을 찾아 헛되이 방황하고 나서, 죽음으로 방향을 잡고 그 새로운 망명지에서 **시민**으로 정착한다.

✧

자신을 **드러내는** 모든 존재는 각자 나름의 방식으로 원죄에 생기를 불어넣는다.

✧

분비샘의 드라마를 살피고 점막의 고백에 관심을 기울이며 느끼는 혐오감은 우리를 생리학자로 만든다.

✧

피의 맛이 이렇게 싱겁지 않다면, 금욕주의자란 흡혈귀가 되길

독설의 팡세

부정하는 자로 정의될 것이다.

✧

생물의 정자는 노골적인 강도強盜다.

✧

운명을 저장한다, 교리문답과 타락한 축제 사이에서 허우적거린다, 이성을 잃고 편히 쉰다, 그리고 정신 나간 유목민이자 무국적자인 신을 본받는다······

✧

굴욕을 경험하지 못한 인간은 마지막 단계에서 자신에게 무슨 일이 일어날지 알지 못한다.

✧

나의 의심, 나는 그것을 힘들게 얻었다. 그런데 나의 실망은 마치

항상 나를 **기다려왔다**는 듯이 내게 찾아왔다─ 중요한 계시다.

✧

이 세상은 스스로 묘비명을 쓰고 있다. 그런 세상에서 친절한 시체로 처신하는 품위를 보이자.

✧

원하든 원하지 않든 우리는 모두 정신분석가이고, 가슴과 팬티가 담고 있는 비밀의 애호가이며, 혐오감의 잠수부다. 맑은 정신의 소유자는 얼마나 가여운지!

✧

우리는 나른한 권태 속에서, 영혼과 공간의 가장 낮은 지점으로, 황홀경의 반대 지점으로, 공허의 근원으로 미끄러져내려간다.

✧

독설의 팡세

인간을 만나면 만날수록 우리의 생각은 어두워진다. 그런데 생각을 밝게 하려고 고독한 상태로 돌아가면, 어두운 생각이 거기에 펼쳐놓은 그늘을 만나게 된다.

✧

환멸에서 깨어난 지혜를 만나려면 지질학적 시대로 거슬러올라가야 한다. 공룡은 아마 그 지혜 때문에 멸망했을 것이다……

✧

겨우 사춘기가 되었을 때 발견한 미래의 죽음은 나를 공포감속으로 몰아넣었다. 거기서 벗어나기 위해 나는 매음굴로 뛰어가거나 아니면 천사들을 부르곤 했다. 그러나 나이가 들면 공포감에 익숙해져 벗어나려고 노력하지 않는다. 구렁텅이 속에서소시민이 된다―한때는 자신의 무덤을 파고 눈물을 흘려넣었던이집트 승려들을 질투하기도 했지만, 이제는 스스로가 무덤을팔 수 있을 것 같다. 거기에 던져넣을 것은 담배꽁초뿐이다.

에밀 시오랑 연보

1911년 4월 8일

트란실바니아의 러시나리라는 시골 마을에서 루마니아 정교 신부인 아버지 에밀리안과 어머니 엘비라 사이에서 출생. 어릴 적부터 우울한 기질을 보이긴 했으나 누나 버지니아, 남동생 아우렐과 함께 비교적 행복한 어린 시절을 보냈다.

1921년(10세)

시비우의 게오르그 라자르 학교에 진학하기 위해 집과 가족을 떠남.

1924년(13세)

아버지가 시비우의 수석사제로 임명되어 가족이 모두 시비우로 이사.

1925년(14세)

루마니아의 국민시인 미하일 에미네스쿠의 시를 읽다. 이후 도스토옙스키, 디드로, 발자크, 플로베르, 쇼펜하우어, 니체의 책을 탐독.

1928년(17세)

부쿠레슈티대학 철학과에 입학. 불면증과 자살의 유혹에 시달리며 그의 인생에 큰 변화가 온다. 니체에 깊이 매혹되었고, 밤거리를 배회하며 사유에 몰두했으며, 불면증을 놀라운 인식의 수단으로 변모시키고자 했다.

1928~1932년(17~21세)

이 시절 루마니아 대학생들 사이에 유행하던 쇼펜하우어, 니체, 칸트, 헤겔, 후설 등 독일 철학자들과 키르케고르, 베르그송, 체호프 등의 작품을 읽고, 당시 부쿠레슈티대학의 논리 및 형이상학 교수였던 나에 이오네스쿠에게서 많은 영향을 받다.

1932년(21세)

루마니아 문학잡지에 정기적으로 글을 기고하기 시작. 이성을 비판하고 '생명'을 루마니아를 구원할 수 있는 원칙으로 보았던 이 글들은 당시 루마니아의 지배적인 사상을 반영한다.

1933년(22세)

'베르그송의 직관론'에 대한 논문을 써 최우수 성적으로 학사학위를 받은 뒤, 심리학 학위과정에 등록. 이때부터 체계적 철학과는 결별하게 된다.

1934년(23세)

첫 책 『절망의 끝에서 *Sur les cimes du désespoir*』를 발표하여 장래가 촉망되는 신인작가에게 수여되는 루마니아 왕립 아카데미 상을 받다. 외젠 이오네스코, 이미 명성을 얻고 있던 미르체아 엘리아데와 함께 루마니아문학의 새로운 희망으로 기대를 받는다.

1933~1935년(22~24세)

훔볼트 재단의 장학금을 받아 독일 베를린으로 유학. '객관' 철학의 대표 격인 하르트만에 대해서는 반감을, 의식이 생명의 본원적 충동에 끼치는 해악을 비판했던 클라크에 대해서는 호감을 갖게 되다.

1936~1937년(25~26세)

루마니아로 돌아와 브라소프고등학교에서 1년간 철학을 가르치다. 주변 사람들에게 이해받지 못한 그는 '미친 사람'이라는 별명으로 불렸고, 이때의 파란만장했던 경험으로 인해 이후 가르치는 일에는 결코 종사하지 않았다. 프랑스 모럴리스트들과 스페인 신비주의 작가들의 작품, 보들레르, 프루스트, 도스토옙스키, 셰익스피어의 작품을 탐독하다. 『환상의 서*Le livre des leurres*』 『루마니아 얼굴의 변모*La transfiguration du visage de la Roumanie*』 출판.

1937년(26세)

부쿠레슈티의 프랑스 협회 장학생으로 파리에 머물면서 베르그송에 대한 논문을 준비. 『눈물과 성자*Des larmes et des saints*』 출판. 그가 종교적 위기 속에서 집필한 『눈물과 성자』는 루마니아 사회에 물의를 일으키고 충격을 던졌다. 미르체아 엘리아데는 이 책에 나타난 혼란과 무질서를 비판했고, 어떤 평론가들은 '신성모독'이라고까지 표현했다.

1937~1939년(26~28세)

논문에 진전을 보지 못한 채 독서를 하고, 글을 쓰고, 밤새 거리를 산책하며 자신이 이해한 대로 인생을 살았다. 그러나 그의 내면은 궁지에 몰려 있었고, 아무도 이해하지 못하는 루마니아어로 책을 쓰는 데 대해 회의를 느끼고 있었다.

1940~1944년(29~33세)

파리에서 『패자들의 애독서Bréviaire des vaincus』 집필(1993년 프랑스에서 출판됨). 이 책을 마지막으로 루마니아어와 결별하고 프랑스어로 『해체의 개설Précis de décomposition』을 집필하기 시작. 언어를 바꾸면서 그 자신의 한 부분과 결별한다. 이따금 카페 플로르에서 사르트르와 마주침.

1945년(34세)

자전거로 프랑스 이곳저곳을 여행함. 나중에는 스페인, 스위스, 영국까지 여행.

1949년(38세)

프랑스어로 장기간에 걸쳐 집필한 『해체의 개설』이 출판됨. 대중적 인기를 얻지는 못했지만 평단의 호평을 받았다. 리바롤상의 첫번째 수상자로 지목되고 이듬해 상을 수상. 이 상은 그가

독설의 팡세

수락한 유일한 상이 된다.

1952년(41세)

『독설의 팡세 *Syllogismes de l'amertume*』를 갈리마르 출판사에서 출판. 그러나 5백여 부밖에 팔리지 않아 출판사측에서 절판을 고려할 정도였다. 이 책을 기점으로 아포리즘 형식이 그의 고유한 문체로 정착된다.

1953년(42세)

『해체의 개설』독일어판 출판. 그러나 전혀 반응을 얻지 못하고 1960년대가 되어서야 독일에서 시오랑의 책이 읽히기 시작함.

1956년(45세)

『존재의 유혹 *La tentation d'exister*』 출판. 이 책 역시 많이 팔리지는 않았지만 평론가들로부터 좋은 반응을 얻는다. 알랭 보스케는 이 책에 대하여 〈콩바〉지에 "부조리와 의심 속에 살아가는 인간의 애독서"라고 평했고, 클로드 엘센은 〈르마탱 디망슈〉에 "최근 20~30년 동안 시오랑의 저서 출판과 비견할 만한 사건은 없을 것"이라고 썼다.

1957년(46세)

생트 뵈브 상 수상자로 지명되지만 수상을 거절.

1960년(49세)

『역사와 유토피아*Histoire et utopie*』 출판.

1961년(50세)

콩바상 수상자로 지명되지만 역시 수상을 거절.

1964년(53세)

『시간 속으로의 추락*La chute dans le temps*』 출판.

1965년(54세)

『해체의 개설』 문고판이 출간되어 대중적 반응을 얻다.

1967년(56세)

수전 손택에 의해 시오랑에 대한 첫번째 평론이 발표되다.『사
투르누스의 별자리 아래*Sous le signe de Saturne*』(1983)에 재수록됨.

1968년(57세)

『존재의 유혹』이 미국에서 출판되어 성공을 거두다.

1969년(58세)
『사악한 조물주Le mauvais démiurge』 출판. 언론에서 시오랑을 본격적으로 다루기 시작하다.

1973년(62세)
『태어났음의 불편함De l'inconvénient d'être né』 출판.『해체의 개설』스페인어판 출판.

1974년(63세)
『사악한 조물주』가 무신론적이고 반기독교적이라는 이유로 스페인에서 출판 금지되다.

1976년(65세)
『독설의 팡세』가 문고판으로 출판되어 대중적 성공을 거둠.

1977년(66세)
『보수적 사고에 대한 시론Essai sur la pensée réactionnaire』 출판. 니미에상 수상자로 지명되나 수상 거부.

1979년(68세)

『자아 분열Écartèlement』을 출판하여 극찬을 받다.

1985년(74세)

아테네 프랑스 문화원 초청으로 그리스에 가서 강연.

1986년(75세)

『보수적 사고에 대한 시론』이 『감탄 연습Exercices d'admiration』이라는 제목으로 다시 출판되어 "우리 시대의 가장 유쾌한 절망의 대가"라는 평과 함께 극찬을 받음. 『눈물과 성자』를 시작으로 시오랑이 루마니아어로 쓴 책들이 프랑스어로 번역되기 시작.

1987년(76세)

『고백과 저주Aveux et anathèmes』 출판. 한 해 동안 3만 부가 넘게 팔리면서 큰 성공을 거둠.

1988년(77세)

1934년 발표한 『절망의 끝에서』 프랑스어판 출판. 4월 17일 "시오랑이 음독자살했다"는 소문이 보도되었으나 오보로 확인됨.

독설의 팡세

1991년(80세)

『사고의 황혼』 프랑스어판 출판.

1992년(81세)

『환상의 서』 프랑스어판 출판.

1993년(82세)

『패자들의 애독서』 프랑스어판 출판.

1995년 6월 21일

84세를 일기로 프랑스 파리에서 사망.

신비로운 역설을 빚는 절망의 노래

누군가에게 충격을 주고 심사숙고하게 만드는 것이 한 개인의 독창성이라면, 시오랑은 누구보다도 독창적이다. 그와의 만남에서 독자들은 번번이 깊은 충격을 받는다. 그것도 유쾌하거나 즐거운 것이 아니라 절망적이고 불편한 충격을 받는다. 정면으로 보기 힘들어 덮어두고 외면하고 싶은 진실들, 일정한 거리를 두고 싶은 삶의 조건들, 그것들을 우리 앞에 드러내어 견딜 수 없게 만들기 때문이다.

이 '의혹의 숭배자'는 모든 것을 낱낱이 드러낸다. 우리 행동의 저열한 동기들을 지적하고, 가차없이 종말을 이야기한다. 거짓이거나 과장이 아니기에 우리는 더욱 불편해진다. 예컨대, 인간의 존재가 필연성 없는 우연의 산물이라는 것은 누구나 알고 있다. 그러나 그 조건을 받아들이면 살아갈 수 없다. 무엇인가 시도하기 위해서는 삶에 대한 최소한의 환상이 있어야 한다. 시오랑은 이러한 인간의 조건을 분노 없이 직시한다. 그리고 현실을 외면하지 못하게 하고 자신을 속이지 못하게 한다. 명징한 의식을 갖도록 유도한다. 얼마나 위험한 일인가? 그의 삶이 그 위험을 보여준다.

그는 철저한 주변인이었다. 젊은 나이에 조국을 떠나 어떤 직업도 가지지 않았으며, 40세에 이르도록 소르본대학 학생의 자격으로 학생식당에서 끼니를 해결하며 근근이 삶을 지탱했다. 그는 자유를 갖기 위해서는 고통과 굴욕을 감수해야 함을 알았고 선택했다. 의미 없다고 생각되는 것을 떠벌리는 광대가 될 수 없다는 양심이 그 선택을 하게 한 것이다.

환상의 불가능은 그의 개인적 불행과 관련된다. 스무 살에 잃어버린 잠이 그 근원이다. 잠은 인간의 삶을 유지시키는 비밀이다. 잠은 쉬기 위해서뿐만 아니라 잊기 위해서 필요하다. 잠자는 동안 모든 것이 덮이고 잊히며, 잠에서 깨어나면 우리는 세상으로 돌아와 무엇인가 새로 시작하는 느낌을 갖는다. 그러나 잠을 잃은 사람에게는 덮이는 것도 잊히는 것도 없다. 뜬눈으로 모든 것을 지켜보아야 한다. 추상적, 체계적 철학이 보여주지 못하는 복잡한 인간 내면의 드라마를 그렇게 목격하는 것이다.

『독설의 팡세』라는 이 절망의 노래는 두 가지 역설을 빚는다. 우선 그의 독설이 발휘하는 신비스러운 힘이다. 그의 독설은 활기를 주는데, 그것은 마치 모든 것을 부정하고 난 자가 긍정할 수 있는 힘을 얻는 것과 같다. 삶의 조건들을 정면으로 바라보는 행위는 우리를 방황하게 하는 것이 아니라, 그것을 인정할 수 있는 용기를 갖게 한다. 고통과 슬픔이 극복의 에너지를 주고 활기를 불어넣는다. 일종의 자기 정화 작용이다. 투신자살을 하려고 센강으로 가던 사람이 잠시 책방에 들렀다가 시오랑의 단상을 읽고 자살 의지를 꺾은 것은 그 때문이다. 시오랑을 읽으며 비로소 절망을 자신의 것으로 받아들일 수 있었던 것이다. 그의 독설이 빚는 두번째 역설은 정련된 언어의 아름다움이다. 내면의 드라마를 전달하는 절제되고 소박한 언어 그리고 억제되고 금욕적인 구문은 고전주의 문학의 우아함으로 빛난다. 그 아름다움은 시오랑이 유일하게 의지했던 음악처럼 우리가 대면해야 할 삶의 조건을 정면으로 보고 수용할 수 있게 도와준다.

2024년 가을

김정숙

옮긴이 **김정숙**

이화여자대학교 불어불문학과를 졸업하고, 소르본대학(파리 4대학)에서 프랑스 현대문학 석사 및 박사학위를 받았다. 현재 배재대학교 명예교수이며, 역서로『역사와 유토피아』『절망의 끝에서』『시몬느 베이유』등이 있다.

독설의 팡세

1판 1쇄 2004년 10월 20일 | 1판 5쇄 2018년 12월 10일
2판 1쇄 2025년 1월 10일

지은이 에밀 시오랑 | 옮긴이 김정숙
책임편집 허유민 | 편집 윤정민
디자인 신선아 | 저작권 박지영 형소진 최은진 오서영
마케팅 정민호 서지화 한민아 이민경 왕지경 정유진 정경주 김수인 김혜원 김예진
브랜딩 함유지 함근아 박민재 김희숙 이송이 김하연 박다솔 조다현 배진성
제작 강신은 김동욱 이순호 | 제작처 상지사

펴낸곳 (주)문학동네 | 펴낸이 김소영
출판등록 1993년 10월 22일 제2003-000045호
주소 10881 경기도 파주시 회동길 210
전자우편 editor@munhak.com | 대표전화 031) 955-8888 | 팩스 031) 955-8855
문의전화 031) 955-1927(마케팅) 031) 955-2646(편집)
문학동네카페 http://cafe.naver.com/mhdn
인스타그램 @munhakdongne | 트위터 @munhakdongne
북클럽문학동네 http://bookclubmunhak.com

ISBN 979-11-416-0827-9 03100

www.munhak.com